# 旅游经济发展
## 十讲

厉新建◎著

北京·旅游教育出版社

图书在版编目（CIP）数据

旅游经济发展十讲 / 厉新建著. -- 北京 : 旅游教育出版社, 2021.7
ISBN 978-7-5637-4273-8

Ⅰ. ①旅… Ⅱ. ①厉… Ⅲ. ①旅游业发展－中国－文集 Ⅳ. ①F592.3-53

中国版本图书馆CIP数据核字(2021)第127780号

## 旅游经济发展十讲

厉新建　著

| 责任编辑 | 陈　志 |
|---|---|
| 出版单位 | 旅游教育出版社 |
| 地　　址 | 北京市朝阳区定福庄南里1号 |
| 邮　　编 | 100024 |
| 发行电话 | （010）65778403　65728372　65767462（传真） |
| 本社网址 | www.tepcb.com |
| E - mail | tepfx@163.com |
| 排版单位 | 北京旅教文化传播有限公司 |
| 印刷单位 | 北京虎彩文化传播有限公司 |
| 经销单位 | 新华书店 |
| 开　　本 | 710毫米×1000毫米　1/16 |
| 印　　张 | 12.5 |
| 字　　数 | 168千字 |
| 版　　次 | 2021年7月第1版 |
| 印　　次 | 2021年7月第1次印刷 |
| 定　　价 | 58.00元 |

（图书如有装订差错请与发行部联系）

# 目　录

**第一讲　中国旅游经济：发展现状与运行特点** ······················· 1
　　第一节　中国旅游发展概况 ··········································· 1
　　第二节　中国旅游经济运行特点 ······································ 10

**第二讲　中国旅游经济：新常态与新理念** ······························ 27
　　第一节　旅游发展的方向 ············································· 27
　　第二节　旅游转型的发展方向和层次 ·································· 30
　　第三节　中国旅游经济新常态 ········································ 33
　　第四节　新理念：全域旅游 ··········································· 41

**第三讲　旅游产品：解说与体验** ········································ 46
　　第一节　旅游产品的问题 ············································· 46
　　第二节　文化旅游产品问题 ··········································· 63
　　第三节　私人定制旅游产品 ··········································· 71
　　第四节　关于旅游体验 ··············································· 74

**第四讲　乡村旅游：发展与创新** ········································ 80
　　第一节　乡村旅游概念与重点 ········································ 80
　　第二节　国外乡村旅游的经验 ········································ 90
　　第三节　国内乡村旅游的创新 ········································ 97
　　第四节　乡村旅游的营销问题 ······································· 102

**第五讲　旅游目的地：发展框架和基本思路** ·························· 105
　　第一节　四个基本角度 ·············································· 105

第二节　五个基本问题·················································114

第六讲　旅游目的地发展：要素深化·······································122
　　第一节　交通·························································122
　　第二节　住宿·························································125
　　第三节　餐饮·························································129
　　第四节　购物·························································131
　　第五节　娱乐·························································134
　　第六节　游览·························································137
　　第七节　环境·························································140

第七讲　旅游目的地发展：若干关系·······································144
　　第一节　概念启动还是产品为首·····································144
　　第二节　旅游者优先还是社区居民为重······························146
　　第三节　均衡开发还是非均衡带动···································147
　　第四节　延长时间还是深化体验·····································147
　　第五节　资源性产品还是概念性衍生·································149
　　第六节　居民生活改善还是目的地国民经济带动····················150
　　第七节　政府主导还是市场为先·····································150

第八讲　旅游市场营销：现存问题与理念调整·····························153
　　第一节　旅游市场营销的问题·········································153
　　第二节　旅游市场营销的理念·········································164

第九讲　旅游市场营销：新理解与新媒体···································170
　　第一节　旅游市场营销的新理解······································170
　　第二节　旅游市场营销的新媒体······································179

第十讲　自驾游发展：协同创新与公共服务·································184
　　第一节　自驾车旅游的协同创新与公共服务·························185
　　第二节　关于自驾车公共服务的几点思考···························189

后　记·······································································192

# 第一讲
# 中国旅游经济：发展现状与运行特点

中国旅游经济发展可以从出境、入境、国内三个市场的角度来分析。中国有两万多家景区、两万多家旅行社、两万多家饭店，是中国旅游经济的主要组成部分。但当谈及中国旅游经济发展潜力和复杂状况时，主要从市场本身考虑。

## 第一节 中国旅游发展概况

### 一、发展态势

中国旅游业的发展是一个平稳的增长，这个平稳增长是综合三个市场来说，国内旅游增长的速度比较快，但是入境旅游总体是下降的，出境旅游是涉及中国人到国外去消费，增加得比较快。

这些数据中为什么出境旅游发展得这么快，这跟国内旅游有什么关系？与入境旅游之间的相互联系又在哪里？中国出境旅游发展这么快，与居民收入增加、签证便利化、航班次数增加、国内外商品价格差异等不无关系。而从三大旅游市场关系看，并不是所有的中国人出国去旅游，都是去买东西，并不是中国人出去是因为他的钱不能在国内花而一定要到国外去花。在某种意义上，中国人出境旅游，可能也有被动的成分。具体而言，可能是出境旅游和国内旅游发展之间的关系问题，是国内旅游快速地发展、国内旅游的拥挤状况，对一部分原来想在国内旅游消费的旅游者产生了挤出的效应，国内景点游客太多，故而出境旅游前往游客量少的景点。例如中国黄山、泰山和美国黄石公园，黄山、泰山每年游客量在200万人以上，黄石国家公园每年接待游客也会达到三百多万，但是它们开放的空间纵深完全不同。国内景区游览空间相对来说比较小，主要是核心的景区景点；但是到黄石公园去的时候，游客开着车到处都可以转，游客游览三天还没玩遍，所以它这里面300多万人，好像比200多万人要多出100万人，但是它们的密度完全不同，黄山景区200多万人的时候可能已经很拥挤，但是到黄石公园的时候开车可以很快。因此，人们出境旅游多了，绝对不简单说是钱多了，时间多了，而是在国内旅游的时候，游客没有更好的旅游体验，既然能够支付得起到境外去消费，所以出境旅游市场发展迅速。所以在某种意义上来说，我国出境旅游快速地发展，很可能是因为中国国内旅游出了问题。

在旅游发展过程当中，中国作为一个发展中国家，旅游发展会有后发优势，但是这个后发优势有前提，就是一定要真的了解到先发国家发达的内在原因，再去发挥后发优势。例如，在美国的国内旅游中，自驾车旅游非常普遍，发展的规模很大，中国是不是一定就可以学习美国？美国在自驾车旅游发展的过程当中，是不是也像中国一样非常重视所谓的露营地的建设？所谓的房车营地的建设是不是这样子？目前，各个方面都在讲要大力地推进房车营地、露营地的建设，但还需要思考建这些东西的内在逻辑。

## 二、头脑清醒

第一，比如2014年，全国入境旅游市场下降1%左右，需要进一步关注这1%的下降究竟是来自哪个细分市场？实际上，外国人到中国来旅游是有增长的，虽然这个增长的幅度比较低，而真正产生下降的入境旅游是因为港澳[①]入境市场的下降，台湾市场也有增长。为什么在台湾和外国游客增长的同时香港和澳门下降导致整个入境旅游增长幅度的下滑？显然是因为香港和澳门的下降对全局的影响太大，因为它在整个入境当中所占的比重太大。所以说，虽然入境旅游市场数据是下滑的，但是总体发展是平稳的。

另外一个维度是对中国入境旅游市场的分析。联合国世界旅游组织数据显

---

① 这里所讲的港澳台市场皆指香港特别行政区、澳门特别行政区及中国台湾地区。

示,中国的接待人数在全世界可以达到第四名,外汇收入可以达到第五名,但是如果要讲旅游的全球竞争力,中国这几年同样在不断地上升,但是依然在第28位,跟亚洲地区的新加坡、日本和中国香港相比较,这个差距还是非常大。新加坡、日本、中国香港分别排到第二位、第六位、第七位。世界经济论坛发布的报告有一系列的指标,涉及旅游业发展中的基础设施、好客度、签证、语言、安全等。从某种意义上来说,这个评估可能更准确地反映了中国旅游发展的能力和问题,所以总量排名第四、第五相对靠前,但是在世界上跟其他国家和地区的竞争中要真正体现出优势,还有很长的路要走。

第二,在国内旅游收入方面,需要考虑到通货膨胀的因素。如果说按当年价格计价,2010年,国内旅游总花费达12 580亿元,但是如果说以1979年的通货膨胀为基数来计算的话,消掉通货膨胀,这个旅游总花费是7953亿元,有很大的变化。如果按当年价格来计算国内旅游收入增长速度,2010年比2009年增长23.5%,但是考虑通货膨胀因素的话,则仅为19.58%。

有人指出国际旅游发展规律表明,当人均GDP达到800美元时,国内旅游会快速地增长,但是这个规律是以美元计的人均GDP,它在多大程度上受到汇率变化的影响?也就是说,在以人民币计算的GDP没有任何变化的情况下,折算的美元就可能会有一个显著的增长,因为人民币换美元的汇率在变化。比如1978年的时候人民币和美元之间的汇率是人民币1.5元就可以换1美元,但到后来低的时候,8块多才能换1美元。可以想象,从1.5变到8,以美元衡量大幅上升而人民币收入增长有限的情况下,人均GDP究竟会如何影响人们的出游需求?又从8慢慢地到现在的6.2左右,它又会有什么样的影响?实际上,这些钱是在国内消费,而不是拿到美国去消费,所以在这个时候,咱们用人均GDP 800美元这个数据来推断国内旅游会有怎么样的发展时,一定要考虑到汇率的变化对于美元计算人均GDP时的影响。考虑外汇收入的时候,也要把这些相关因素都考虑进去。就我们的计算表明,实际的外汇收入和名义的外汇收入也是有差距的。比如拿2010年为例子,2010年名义的外汇收入是458亿美元,但是如果把刚才所说的这些影响因素剔除掉的话,实际上只有340亿美元左右。这是第二点,大家需要清醒的。

第三,清醒认识入境旅游市场。为什么香港入境游客下降的幅度还不到1%,会导致整体的中国的入境旅游会下降1%?原因在于入境旅游人数增长的潜力受入境旅游人数结构影响。2010年,我国入境游客达1.34亿,其中港澳台游客占到1.08亿,外国游客仅为2600万。港澳台游客中香港7932万、澳门2317万左右、台湾是514万左右,所以如果香港游客下降了百分之零点几,我国入境旅游规模就会有不小的震动。虽然台湾增长了百分之十三点几,但是这个增长率对整体的入境旅游需求的总量影响不大,外国游客只有两三千万,它虽然增长了近20%,但是它对整体的贡献可能没有那么大。

因此,一定要从结构上来判断入境旅游增长的潜力。相反地,如果香港市场从8000万能够再往上增长的时候,不是对入境旅游正增长推动很大、贡献也很大吗?所以就要进一步分析香港居民到内地来旅游的潜力还有多大?香港人口700多万,每个人每年平均下来到内地旅游的次数有10次以上。澳门才五六十万常住人口,到内地旅游的次数已达2200多万,平均一个人下来有多少次?40多次。澳门居民差不多一星期来内地旅游一次,是不是除了内地旅游之外、再没有旅游目的地可以选?而且从1次上升到5次,从5次上升到10次,这个难度是完全不一样的。澳门居民人均到内地旅游已经是40多次了,在某种意义上来说,这个潜力再往上增长可能很难。

另一方面,应该怎么来看待香港入境游客下降这个现象?首先,这是入境游客发展遇到天花板的问题;其次,香港游客也不是来得越多越好,香港游客人数下降也不要这么大惊小怪,原因在于虽然是到内地香港游客有8000万左右,但并不是所有游客对于内地的旅游贡献都足够大,而且从游客来源多元化以应对不确定风险而言,也不应过度依赖某个特定客源市场。

当然,这8000万左右的人不是都跑到内地来旅游花费的,这其中就包含不少被称为"水客"的人群。海关总署的数据表明,每天在深圳、珠海和港澳之间往返的这些职业水客曾达8000多人,这些人少则每天往返三四次,最多的可以达到50多次。就从入境人数统计来说,他一个人一天就贡献了50次,但是这个人频繁的一天50次往返对入境旅游贡献微乎其微,更多的走私货进来之后可能还会影响到国内市场的管理和秩序。这就涉及如果要科学准确判断入境旅游增长,就需要对统计口径、统计方法进行调整。只有在统计方法、统计口径科学化之后,得到了科学的数据然后再来判断入境旅游市场未来的发展变化,才是可行的。

所以,如果企业要去投资,要瞄准香港游客来做投资,一看8000万左右的规模,认为这个市场很值得投资,但如果真的这样做,很可能折进去,因为这些香港入境者并不都是给旅游经济做贡献的人。就像不能想象北京有2000多万人,然后认为在北京郊区找一个地,盖个酒店或者搞个度假区,说北京人能够有10%或者1%到这个地方来旅游就足够,这种想法要不得。凭什么北京2000多万人的1%就要到这个地方来?到这个地方来能不能产生你所期待的收入、消费?因此,一定要清醒认识入境旅游市场。

第四,清醒认识出境市场。原来基于2008年的预测的时候,原国家旅游局做过预测,以2008年为基数,到2015年的时候,中国的旅游服务贸易的顺差应该是300亿美元,然而2009年就产生了40亿的逆差,到现在不要说顺差300亿,逆差都已经达到1000多亿(2019年我国旅游服务贸易逆差高达2165亿美元)。所以原来对这个市场的发展判断并不准确,觉得出境和入境还能维持原来的发展势头,实际上2009年之后,情况就变了,2008年顺差47亿,到2009年变成逆差41亿美元。

旅游服务逆差达到1000多亿,那下一步会怎么样?这个逆差会不会继续放大?到什么时候这个逆差的扩大进程会终止?现在很难预测,但是至少可以去横向地比较,选择一些出境旅游现在已经发展到比较成熟阶段的国家,比较一下我国的收入、时间越来越充裕的时候,出境旅游增长率会不会持续以百分之十几、百分之二十几的速度增长?

例如,1964年以来,日本的出境旅游的增长速度和人均GDP发展并非一致,1960年日本人均GDP是1000美元,1988年是20 000美元,人均GDP在不断地增长的同时出境旅游增速没有相应增长。1961年以来韩国的数据表明人均GDP在不断地增长并没有导致出境旅游增速持续增长。

再如美国,1988年以来的数据也说明同样规律。而且拿着这些数字来看的时候,同样的,并没有表现出来说人均GDP是3000美元的时候,它的出境旅游会爆发式的增长。更何况要做这样的判断时,历史上的人均GDP3000美元和中国现在这个时间点上人均GDP 3000美元也是不一样的。用历史数据来进行比较时,得找个判断的基础期,判断以前的3000美元相当于现在的多少美元。即便历史上曾经出现过人均GDP 3000美元时相关国家曾经出现旅游快速增长。这个经验数据用到现在我国情况判断时,一定要去折算,那时候的3000美元相当于现在是多少?这样来比较可能更科学一点。

第五，实际上日本出境旅游发展有两个主要节点，一个是1964年的东京奥运会；另一个是1985年的广场协议，使得美元和日元的汇率发生了大的变化。韩国也是。韩国出境旅游的快速发展跟汉城（现名首尔）奥运会是有密切关系的。这里面有一个因素可能是，在出境旅游的发展过程中，不完全是取决于有没有钱，而是与有没有足够的出境旅游的时间有密切的关系，或者与出境旅游限制有没有放宽有密切的关系。

一般来说，无论是1964年的东京奥运会还是1988年的汉城奥运会，都是通过奥运会的举办，对外开放有一个非常大的变化。其实2008年北京奥运会也是一样，2008年较之以前，应该说是对外开放有很大的变化、很大的提升，包括在那个阶段网络的开放程度也较以往有很大提高。开放程度越是提高，出境旅游的可能性越是增大，增长的速度可能会越快。如果没有开放，再有钱也出不去。所以对中国来说，2008年开始了这个节点后，增长的速度很快。但是出境市场终归会回复到它自身的增长规律当中去，像美国、日本、韩国一样，会有起有伏的。也并不是说旅游国际收支的逆差上千亿的现象将一直持续下去。一定要清醒地认识到出境旅游两位数的增长，可能会碰到它本身增长的天花板，进入到相对平稳的运行周期，而且我国自身的旅游发展水平的提升也将有助于将更多旅游消费留在国内。

第六，清醒认识入境旅游市场。曾经有人以2008年为基础，预测到2015年我国入境旅游人数将会超过两个亿，现在实际上才一亿四千多万；过夜的游客会突破一个亿，现在才六千多万；旅游外汇收入能突破一千亿，现在不到358亿（旅游部门的数据因统计方式变化，该数据为1313亿美元）。原国家旅游局曾预测，比如按低速增长7%、中速增长8%、高速增长9%简单测算，但这类测算总体而言意义不大。这个数字的判断会有很多复杂的计算，有些时候可以通过一些替代性的指标，看这个数字会怎么增长跟替代指标有什么关系。比如在国外，如果这个经济体GDP的增长速度能达到4%以上，旅游的流动肯定是非常活跃，但是如果说GDP预期会降到2%以下，人们旅游的活动性、活跃程度就会显著地下降。这个数字是从哪儿来的？原来2009年的时候，因为经济不景气，所以大家都在测算，说未来的旅游会怎么样发展，旅游会在多少年之内恢复，其中有研究通过专门的计量模型分析了GDP和旅游流之间的关系。

如果说我国要增加入境旅游，港澳市场可能面临天花板约束，那除了台湾地区客源开拓外，很有可能需要更多去做外国人这个文章，外国人来华旅游数量毕竟还是少，才两三千万人次，增长潜力还比较大。但如果要吸引外国人到中国来旅游，现在还面临什么问题呢？

入境旅游市场分析除了每隔一段周期做的入境旅游抽样调查报告之外，还需要去做更深的研究。比如一般会认为，我国的雾霾、空气污染会对入境旅游者有影响，那是不是真的是这样子？跟雾霾出现的频率，持续时长以及空气污染的严重程度等有什么关系？这种影响跟入境旅游者想到中国来旅游的时候，他会提前多少时间来做旅游计划又有怎样的关系？如果想去吸引入境游客，做营销的时候应该提前多少时间？一个新产品推出来的时候，提前多少时间去营销会让这个产品能够顺利地进入这个市场？这些都需要思考。原国家旅游局入境旅游抽样调查已经做很多年，但是没法说明外国人到中国来旅游提前多少时间来预订，提前多少时间来做他的旅游计划。如果这个不知道，很多问题都解决不了。

另外，并不是说所有的旅游者到中国来都一样，有些旅游者到中国游玩后就回自己的国家或地区，有些到中国之后可能还到别的国家或地区去。这些人如果说把中国作为唯一的目的地国家，那他在中国停留的时间是什么状况？如果他把中国作为非唯一目的地国家或作为整个行程中的一站的时候，他的行为状况又是什么情况？其实这些情况都是不一样的。停留时间长短和年龄、性别又会有什么样的关系？比如说我们的调查研究发现，停留时间比较长的 6~9 天、10~15 天这个时段的，男性消费者显著地多于女性消费者。当然这里面还有一个，不过夜的或者停留 1~5 天和 15 天以上的，女性的消费者要比男性消费者更多。还有年龄的分布问题，比如说 25~34 岁、18~24 岁的人停留时间趋向于 5 天以下和 15 天以上，这个原因就需要去分析。比如说 18~24 岁的人群没有足够的钱，可能时间短一点；也有可能是 25~34 岁比较有经济收入的、比较富有的阶段，可以支撑更长的时间停留；或者也有可能是这些人跟商务有更多的衔接，所以停留更长时间。

对这些数据本身的挖掘，现在也有些新的工具出现，比如出现了网络分析的工具。这些工具分析已有的数据，也能发现很多很有意思的、以前无法发现的信息。再比如说，这些外国人到中国来旅游的时候，他的信息来源是从哪儿来的？传统调研的时候，习惯上会问，比如说是看报纸看杂志还是听亲朋好友说的？还是上互联网获取信息的？但实际上可能会忽略了一些外国人在信息获取上比较重要的渠道，在以往调研的数据选项中可能没有涉及，比如说航空公司。因为既然是远程旅游，大多数情况下会通过飞机来，所以可能很多是通过航空公司获取旅游信息。再比如有70%的人到中国来旅游都是通过互联网来获取信息的，如何去利用70%的人是通过互联网作为信息获取渠道这一调查发现呢？从某种意义上来说，不需要做调查都知道有百分之六七十或者更多的比例是通过互联网来获取信息的，这是时代潮流，只不过可能具体到某些国家的时候，这个比例可能会下调一点，但互联网肯定是主流。通过调查获取这个数据有没有用？这个70%的数据能够说明应该把多少精力投入到社交媒体上，有多少精力应该放到门户网站上？有多少应该投放搜索引擎上？显然不能。即便知道人们主要是通过社交媒体来获取信息的，能够知道应该通过Youtube去营销？还是应该通过Facebook去营销？还是应该通过Twitter去营销？也不知道。如果是这样，这个70%是有价值的数据吗？这样的数据只是验证了现在人们获取信息主流是互联网这一基本事实，对要去国际上做营销基本上没有帮助。

再比如说，要开拓入境旅游市场，旅游企业需要去了解人们对这个地方的兴趣在哪里？游客来之前的兴趣是什么？来了之后的兴趣又是什么？来之前可能对某个产品不感兴趣，但来了之后他觉得对这个产品又很感兴趣，这可能说明营销有问题。那就需要加强那个来之前不感兴趣、后来来了之后感兴趣的产品，这是需要做的一个卖点。

因此，入境旅游要提升，除了改善统计方法之外，还要改善调查方法，让问卷调查能够更科学。这样才能让入境旅游市场开拓有科学的依据作为支撑。

### 三、注意变化

中国旅游发展要注意变化，这个变化包括新的说法，对旅游在整个国民经济当中地位的认识。在整个国民经济结构当中旅游究竟处于什么样的地位，对旅游业发展的很多思路都会有影响。如果能够注意到这些变化的时候，就有可能跳出旅游来看旅游。

## （一）新说法

看旅游发展一定要跟领导人对旅游的判断密切地结合在一起，一定要从政治当中去看一些发展上的变化或者发展的趋势。比如习总书记讲，旅游是人们生活水平提高的重要标志，旅游业是综合性产业，是推动经济发展的重要动力。旅游是最终的消费，会从消费这一端拉动经济的增长。旅游业作为综合性的产业，不仅仅在消费这个层面，还有旅游业投资，以及旅游服务贸易。如果旅游是人们生活水平提高的重要标志，涨价可能是一个值得关注的问题，就是还能不能继续地涨下去。

李克强总理讲，要发挥旅游在扩内需、稳增长、增就业、减贫困、惠民生中的独特作用。既然政府重视旅游在这些方面的作用，那旅游就需要在这些方面积极作为，比如说旅游能够增加就业，但客观上来说，很难说清接待一个旅游者能够增加多少就业、一个直接的旅游就业能够带动多少个间接的旅游就业。原国家旅游局发布的统计公告，讲直接旅游就业是多少，然后间接就业是多少，除一下，基本上是5，也就是说，如果直接就业乘以5，就是公告当中所显示的间接就业。但是实际上直接就业和间接就业旅游就业乘数是不是这个比例关系还需要再研究。国际旅游就业总体上没这么高。如果把UNWTO的数据拿来算，结果基本上不是这个数字。既然中央要增加就业，就需要把真的就业乘数是多少、带动就业能力有多少这些问题弄清楚，否则就很难发挥作用。旅游业缓解贫困的作用也是同样道理。

## （二）新结构

旅游在整个国民经济结构中的地位如何？在国民经济结构演变的过程中，旅游扮演什么样的角色？比如国民经济结构，一般会讲到第一产业占多少，第二产业占多少，第三产业占多少，这是习惯上讲的国民经济结构。中国现在应该是一个"三二一"的结构，第三产业占主要的（2019年为54.3%），第二产业占40%不到，然后是第一产业农业。如果说放到一个更广泛的空间当中，从全球的角度来看，很多地方的第三产业已经超过50%。如果拿我国的那些发达地区来看，比如像北京、上海，第三产业已经达到70%以上（2019年北京81%，上海73%）。如果在纸上画一个图，每一类产业画一个柱子来比较一下，第一产业的柱子已经很短，第三产业的柱子很长。直观上看，这个图不漂亮、不优美，那怎么样让这个图能够分布得更均衡一点？一个产业如果占到整个国民经济的70%,这类产业是不是一定要把它打包到一起?还是应该对它进行分拆?就像所谓的一二三产业,这个产业结构划分的标准、产业分类的方式,是不是应该调整?如果说要调整的话,应该往哪个方向去调整?在这个研究当中会产生一个问题,原来第三产业是很小,现在做大了,而且占了绝对的主导地位。从产业结构内部均衡的角度、产业结构可延展的角度,中国经济发展的过程是不是一定要依循一二三产业划分的方式去发展?还是可以在产业结构里面有超越?能不能在这里面发现规律去做创新、去做超越?其实国外早有相关研究,比如在《第四次浪潮》当中,美国学者甘哈曼认为应该还有个第四产业,而第四产业主要应该是什么?主要是体现休息和娱乐的内涵。其中包括观光旅游、美食活动、体育娱乐活动以及度假类活动等。旅游是人们生活水平提高的重要标志,在产业分类可以有一个与人们的休闲娱乐、与人之所以在这个社会上生存发展最根本的追求结合的产业层次。甘哈曼所指出的观光旅游、休闲度假活动、体育娱乐、美食等,每一项都跟旅游有关系。

日本在这个产业结构深化研究中也取得有启发的成果。在20世纪60年代到80年代,日本学者在这个产业结构的分类中有很多新的研究、新的提法。比如田和久提出的情绪服务产业就与旅游很有关系。旅游就是为了好心情,虽然可能运气不好,碰到一个很糟糕的情况被"宰客"了,但是出发点是希望获得一个好的情绪的,包括满足心理需要,关注梦想、历险、情感生活、梦幻社会,这些都跟旅游有关。

# 第二节 中国旅游经济运行特点

## 一、旅游经济学研究对象

旅游经济学或者旅游产业经济分析,它本身的研究对象是什么?可以从两个角度来理解,第一个方面,作为旅游经济、旅游产业经济分析,当然需要研究旅游活动引发的经济现象、经济关系、经济联系或者经济影响。这里面有一个比较重要的问题,是不是所有的旅游活动引发的这些现象、关系、规律、运行、影响都需要研究？其实并不是所有的旅游活动引发了这些内容都需要去关注，只有这个旅游活动成规模、社会化了，它会涉及商品交换、交易、买卖，而不是自给自足的时候，旅游活动所引发出来的问题才需要关注和研究。

第二个方面，什么情况下旅游活动才是社会化或商品化之后的旅游活动？什么时候旅游活动会成规模？什么时候旅游活动会是以商品交换为基础展开的？在《旅游学概论》中，一般都会有一个环节讲到近代工业革命对旅游发展的影响。近代工业革命对旅游的影响，从某种意义上来说，就使一般的旅游活动变为旅游经济学、旅游产业经济分析需要关注的旅游活动。这里面大致有三个条件，就是近代工业革命促使了这三个条件的成熟，第一个条件是物质基础，包括交通工具如火车、飞机等。社会生产力的发展，使得人们可以想去多远就可以到多远，这个跟旅游所需要依赖的外部条件有密切的关系。

第二个条件是成规模的旅游需求。人们不仅仅是外部条件具备了就会出去旅行，而且还跟人自身有关系，就是需要社会个体对外部产生旅游需求。当这样的需求很多，汇聚成巨大的市场需求的时候，才会形成一个社会化的规模。是社会发展使得人们有钱、有闲暇，加之又有前面所说的外部条件，这个时候人们才会表现出更多的市场需求来。

第三个条件是专业化的服务机构的出现。如果说市场当中有供给，也有需求，也有能够让需求到供给所在地去消费的交通等工具，并不见得所产生的规模就一定会非常大。供求匹配一定会有商品交换，如果这个交换效率很低，那供求碰面机会也可能会比较小，整个旅游经济的规模可能也会比较小。因此1842年托马斯·库克旅行社的出现，实际上可以看成是专门的中介服务机构的出现，这对于整个旅游活动的社会化和商品化都有非常大的影响。

假如市场上有3个旅游者，同时市场中还有3家饭店，旅游者要去找饭店，去选择住宿设施，满足他自身的住宿需求，作为旅游者来说，他可能会去选三家饭店当中最适合的，每一个旅游者都是这样子，他都会去进行比较，每个人都是货比三家的时候，大家各得其所，需要经过多次询价、信息的搜索，才能够完成最终的交易。最后需要有九次搜寻，因为每个人都需要去货比三家，如果最后买的人也买到了，卖的人也卖掉了，这时候可能需要有九次信息的搜索。但是如果说在这个过程当中把旅行社加进去，那旅游者就未必一定要各自去找三家酒店来进行比较，他只需要把他的需求告诉旅行社，旅行社再去了解市场上的三家酒店，通过这个中介机构，每个旅游者只需要交易一次，每个供给者也只需要跟他有一次交换。在这个时候，实际上信息搜索的次数就会减少，原来需要九次才能完成，现在需要六次就够了。这样的话，在整个市场运行的过程当中，由于交易次数的减少或者说信息搜索成本的减少，可能买卖双方成交的概率就会更大，整个旅游经济的规模、旅游活动的规模会变得越来越大。旅行社或旅行服务机构作为一种中介机构的出现，是可以让供求更有效率地完成相互的交换。《旅游学概论》一般是从物质基础、市场需求和中介机构角度来分析问题的。

当然，旅游产业的经济分析也可以借助经济学中两个非常关键的内容：分工和交易。整个经济的发展，从无到有、从小到大的经济发展，实际上是分工和交易不断变化的过程，或者说分工和交易不断精致化的过程。因此从一般的旅游活动到社会化、商品化之后的旅游活动，其实跟分工和交易也是有密切关系的。社会当中为什么要出现分工？分工有什么好处？为什么要分工协作？是为了提高效率，降低成本。同时，任何一个企业如果说它能够通过分工来提高效率、把成本降低下来，那它的低成本一定会被转化成市场中的价格竞争力。需求规律往往是指在其他条件不变的情况下，价格下降会导致需求的上升，所以不断地分工、不断地效率提升，不断地成本下降、不断地价格降低，不断地会有更多的人能够消费得起、能够买得起。在这个时候，旅游市场规模就会扩张，整个旅游活动就会旺盛。

所谓的分工和分工的深化，不仅仅说只有在最终产品的供给端会有分工的深化，实际上在交易的中介环节也会有不断的分工的出现。假设原来只有3个人、只有3个供给的时候，有一个中介机构就够了，但是如果旅游者数量越来越多，市场的供给也越来越多，中介机构就可能不仅仅有一个，中介机构自身也会进行分化，中介本身的效率也会提高。假设最初一个旅行社包揽任何业务，订房、订车、订票等，无论是到滨海旅游还是到山地度假，无论是到欧洲还是到大洋洲都可解决。随着市场需求的扩大，一家旅行社应付不过来，在市场当中逐渐地会出现专业化的旅行社，可能专门做到欧洲去旅游的、专门到澳新去旅游的，或者专门就做海洋旅游的，一旦它把自身的经营范围分解，进行专业化之后，中间环节的效率也会提高，那买卖双方交易会更加"润滑"，也会更加方便、快捷地实现。还可以想象，一旦中介本身的效率提高了，最后也会影响到中介机构向买卖双方收取的佣金和中介费,这时候市场上的买卖双方也能够更好地"见面",市场交易规模相应地也会进一步扩大。

## 二、旅游经济运行特点

### (一)需求流动型的群簇经济

一般的经济交易当中,大多数都是供给流动,从生产地到销售地,比如在北京生产一个冰箱要卖到广东去,需要在北京把冰箱生产出来,然后通过物流的方式配送到广东,放到广东的商场去卖。这里主要是物的流动、商品流动。但是旅游不是这样,旅游当中的饭店不会流动,景区也不会流动,餐馆也不能流动,所以大多数情况在旅游当中所表现出来的是,人接近于产品的生产地,而不是产品从生产地运到消费地。旅游者从客源地到目的地去消费,是人的流动,而不是物的流动;是需求的流动,而不是供给的流动。

这样一个流动的方式,有什么意义吗?它会有什么不同没有?人的流动和物的流动这里面差异会在哪些地方表现出来?任何一个产品在这个市场当中销售,如果要卖掉的时候,绝大多数情况下,不会不了解,看到这个东西就直接付钱拿回去,消费者需要了解、搜集跟这个产品有关的信息,进行比较,有信息搜索、信息搜集的过程,然后还可能有决策的过程,最后再付之于购买行为。如果说物是可以流动的,这个产品可以从北京运到广东去,广东的消费者就可以充分地利用他的碎片化时间,直接跑到商场去看,然后在若干个商场之间比较(尽管现在人们习惯了网上购物)。在物可以流动的情况下,商品之间的买卖关系、交易关系,对于时间的约束是比较宽松的。如果觉得还没了解好,明天还可以看,觉得只看这个商场卖的下不了决心,还可以去另外一家商场去看看,最后比较完了,要买哪个,就可以到哪个商场去买这个产品。可见物可流动的情况下,对于时间的要求并不是非常严格。

但旅游就不是这样。在旅游发展的过程当中,例如,一个广东的游客到北京看故宫,住北京饭店还是住国际饭店进行选择,他没有办法说茶余饭后或下班之后来看一看,然后回去再决策,这不可能。也不可能今天从广东到北京来,消费一下,看一下长城,看完后就回广东去住,然后第二天早上再跑到北京来看故宫,也不可能。这说明什么?游客要去消费旅游这个产品的时候,时间就不能是碎片化的时间,而要求是相对完整的,并且比较长的时间才可以,当然这个长短与出行的距离的远近有关系。

也正是因为这样，1999年，我国开始进行假日制度改革后，我国旅游经济对整个国民经济的推动作用有了一个快速的释放。为什么？就是因为闲暇时间，因为旅游需要有整块的时间，但现实的制度又没有办法提供整块的时间。原来没有这么长的整块时间可以进行远距离的旅行，有了黄金周之后，这个时间的约束条件放松了。

第二，如果说一个产品可以从生产地移动到目的地，放到商场里面去卖，一旦交易完成了，这个产品的所有权就属于消费者，一手交钱，一手交货，消费者把钱给商家，商家就把产品给消费者，至于说产品给消费者之后，怎么去使用那没人管，消费者独占性地对这个产品进行使用，所有权是完整转移的。

但是在需求流动的过程当中，之所以会有需求流动，就是因为物本身是没有办法流动的，所以不可能会产生一手交钱、一手交货的现象，游客购买的不是这个旅游产品的所有权，只能买这个产品的使用权，而且买的只是这个产品在规定时间内的使用权。这又会产生什么样的问题呢？如果说这个产品只有在规定的时间内供游客使用，游客就没有足够的时间去了解这个产品方方面面的信息，对这个产品的消费满意程度就会极大地受到时间的约束。如果购买杯子回去，今天没有搞清楚，明天还可以再去了解，但是到酒店去住，今天没有体验好，明天不可能再来体验一次，除非明天再交一次钱。景区也是一样。所以说时间约束在这里面不仅仅是整体性还是碎片化的问题，它还对游客消费效果会有非常大的影响。

因此，对旅游企业来说，就需要找到一定的方式方法，让游客能够尽可能在短的时间内来获取好的消费效果？这里面对旅游企业的要求和对其他企业的要求就不一样。其他企业如手机企业，以前购买手机的时候，手机的说明书很厚，现在再去买手机的时候，手机的说明书很薄。为什么它可以从那么厚的说明书变成这么薄的，如果说一定要让顾客买了之后马上就掌握这个信息，这个说明书一定要厚一些，但是实际上不是这样，人们有足够的时间来慢慢了解这个手机的性能，所以手机企业会告诉顾客这个手机主要功能的使用方法，如果要掌握剩下的功能，可以通过其他渠道获取信息。但旅游不可能这样，必须尽最大可能在有限时间内让旅游者更充分地使用和体验。这是第二个影响。

第三，如果供给可以流动，作为需求方来说，它是完全可以单向地进行消费的，就是所谓的一码归一码，消费这个产品是消费这个产品，消费那个产品是消费那个产品，产品 A 和产品 B 是不相关的，没有必要说买电视机的时候，一定得去消费冰箱，没有这个规定。但旅游不是这样。经常讲旅游传统六个要素：吃、住、行、游、购、娱，如果说到一个相对比较远的旅游目的地旅游，应该把在客源地所有的需求都移动到目的地去，不可能说在这里面只转移一项而不转移其他的，只转移游览的需求，不转移住宿、餐饮的需求，可能这个就不能单独出来。所以旅游消费应该是一个集合的消费。在消费行为学中，把它叫作关联集的消费。这个集合当中，每个商品之间是有相互关联关系的，如果到一个地方去买一个产品，不仅要消费景区，同时还要消费餐饮的，消费住宿设施、饭店的。因此，一个景区的价格影响机制，就不仅仅是景区的价格对顾客有多大影响的问题，除了看景区门票之外，还得看机票的价格，看住宿产品的价格，还得看除了景区之外的、其他跟景区有关的行业所提供的相关产品的价格的问题。在某种意义上来说，这是一个合成的价格影响机制。在旅游经济运行的过程中，如果要讲营销，更多的是对联合营销有需求，团结起来去做市场，无论是旅游局努力来做营销也好，还是通过企业之间自身的联合方式、组建一些联盟的方式来做营销也好，它都需要有联合，共同努力去争取市场。因为消费者会不会购买受到其他因素的影响、其他行业的影响。

另外，由于旅游供给不能够流动，所以如果要形成规模经济，这个规模经济实现的方式跟其他行业相比较，也会有它自身的特殊性。一般实行规模经济，一条生产线不够，可以在现有生产线所在地空间再建厂房，再引进生产线。如果还不够，再在这个地方再征地、建厂房、上流水线，把这个规模做大，然后产品通过物流的方式可以运到世界各地、全国各地去。因为物是可以流动的。但如果是旅游产品，供给本身没有办法流动的时候，应该怎么实现规模经济？显然这时的规模经济是没有办法在一个地方扩大生产规模来实现的，在某种意义上来说，一定要通过网络化分布来实现规模经济。很少会看到在某个目的地做酒店，建一个上千间客房的或者上万间客房的酒店实现规模经济的。因为游客到上海去旅游的时候，或者游客到承德去旅游的时候，甚至游客到天津去旅游的时候，他对住宿都有需求，但没有办法把北京的饭店客房运到上海去、运到天津、运到承德去，这跟其他流动的可以用物流的方式来配置的产品不一样，所以一定要用网络化分布的方式。当然旅游中的规模经济，除了在传统工业领域的生产规模经济之外，还会有其他的规模经济，品牌、财务动员能力、营销能力、培训，这些都可以通过集团来分享、分摊成本。所以旅游的规模经济实现方式，跟其他的经济类型相比有很大的不同。这也启示投资者，如果想在经营中分散风险，就需要通过尽可能柔性地来应对市场上需求。换句话说，旅游市场的需求在哪里，旅游供给应该布局到哪里，而不是让需求来"就"供给。

这种人的流动而非物的流动的消费方式还会影响到游客到景区旅游的消费。人们只有在早上开门到晚上关门这段时间内才有使用权，所以在有限的时间内对景区有深刻的旅游体验或者让游客拥有满意的旅游体验，一定要有很好的消费技术，或者能帮助旅游者提高他们的消费技术，知道到这个景区应该去看什么，知道在这个景区看到特定吸引物的时候要动用哪些知识储备、哪些审美经验来进行消费。因此，旅游产业经济分析实际上并不能简单地从产业的角度来分析，还要把它放到旅游目的地这样一个空间中来认识它，是旅游目的地的角度，而不是简单的产业角度来进行分析。

（二）内生信息化与诚信要求的经济

第一，现在都在讲诚信经营，都在讲信息化的建设，作为旅游来说，其实它的信息化、它的诚信要求是内生的。旅游经济要发展，就必须是信息化的。因为旅游供给没有办法运到旅游客源地区，那一定要把旅游供给转化成可以流动的东西，让消费者观察到。这不像杯子可以放商场去，消费者可以到商场近距离地去观察它，可以去看这个物本身。旅游供给没有办法流动，所以一定要通过营销的方式、通过信息传递的方式，以信息流来代替物流，通过信息流代替物流的方式来促使旅游供给跟市场需求很好地建立起联系，让消费者、让需求能够知道供给的存在。

从逻辑推理来说，这个物不能动的时候，有没有通过变通的方式让它能够动起来，这个变通的方式就是信息。只有通过有效的信息传播，才可以尽可能地降低消费者信息搜索的成本和消费者购买旅游产品的风险，如果没有这个信息流，那消费者搜索信息的成本就会很高，不把信息主动送上门，消费者需要自己去找信息时，信息的搜索成本也会居高不下。而一旦信息搜索的成本太高，信息搜索就会终止，如果在终止信息搜索的时候，他还没有了解到某个特定旅游目的地或产品的存在时，这个目的地或产品就卖不出去，对旅游供给来说，它的价值就不可能实现。

去买东西都会进行信息的搜索，虽然现在网络上信息非常丰富，但是信息搜索也不会无限制地进行下去。因为消费者一定会去考虑信息搜索的成本，以及通过信息搜索能够节约下来多少成本，或者通过信息搜索能够买到个更好的产品、获得更好的收益，在收益和支出之间进行平衡。旅游也是一样，旅游企业或目的地不把信息送上门，潜在游客也会搜索，但他的搜索成本就会比较高。

旅游产品和其他很多产品不一样还表现在，旅游产品是只有消费完了之后才能知道这个产品是不是符合需要，而买其他的产品可以去摸、可以去看、可以去尝试，然后了解这个产品究竟性能怎么样，在付钱之前可以有比较大的把握来确定质量好还是不好，即便把握不到位，买了一个不合适的产品，还可以退换货。旅游呢？旅游只有消费完了之后再进行评价，没去之前和消费之后的评价可能会有很大的差异，但能退货吗？有些时候，旅游产品提供方会给补偿，例如去三亚旅游花了 3000 块钱，可以退给游客一定数额的钱款，但没办法再去消费一遍三亚，或者让旅行服务机构换一个产品，所以游客的风险较很多其他消费要高。风险越高，消费者越需要得到充分的信息，旅游信息传播的要求就会越强烈，包括通过现代科技方式传播信息。

第二，旅游经济是诚信经济。既然消费者来之前没有办法知道这个产品好或不好，那就会产生去欺骗消费者的机会主义行为。消费者消费这个产品，他发现这个产品不符合需求时，就会产生不满的情绪。好事不出门，坏事传千里。一旦这个地方采取机会主义行为去欺骗消费者的商家很多时，旅游者不满的情绪就会很多，那一传十，十传百，目的地的负面口碑很快地会扩散开来，在互联网时代更是如此。所以即便消费者可能信息不充分，会有可以去钻空子欺骗他的空间，但除非这个企业或者旅游目的地就做一次性的生意，欺骗一个就 OK，否则就会发现欺骗别人是没有办法持续下去的。因此，旅游经济运行，一定要诚信经营才可以。

第三，企业与企业之间也会涉及诚信的要求。比如一个旅行社，采购酒店的或者景区的服务或者产品，如果酒店隐瞒了信息、景区隐瞒了信息，它不诚信运营，万一产生了问题的话怎么办？那就需要打官司，需要通过谈判来解决，谈判、打官司成本也是很高的。为了运营更好，得有市场的精神，市场经济运行要制定契约，契约能不能把市场交易过程中所有的不确定性都写进去？

对所有的不确定性都能够预见吗？如果能够预见到有这么多不确定性的话，在某种意义上来讲就是确定的。所以，契约里面不可能把所有的意外、不确定都写进去，只能相信对方不会骗你，相信一旦这个问题出现的话，双方可以友好地协商解决。毕竟旅游不像采购一个杯子，可以很明确杯子的标准，所有后面生产的杯子跟这个杯子样品可以是一模一样的。旅游不是这样子。旅游今天卖这个产品和明天再卖这个产品的时候，可能卖的东西都不一样。假设客房这个产品，应该说今天是这样子，明天也是这样子，后天还是这样子的，但实际上是不是这样子？今天来做客房卫生的服务员，她很有经验，浴缸可能打扫得很干净。另外一个人可能就不是这么回事了。今天这个服务员很有经验，她知道把枕头翻起来看看下面有没有长头发，换一个人可能就不一定这么仔细。即便是同一个客房，不同人来住的时候，最后感知体验到的产品也不一样。所以旅游中诚信就显得非常重要。

### （三）本地化刚性的经济

因为供给是没有办法移动的，所以在旅游投资中，就会有更多的直接投资的出现，或者做旅游投资的时候，直接投资的要求会比其他行业来得更加严格。如果想要利用这个地方的资源，就必须把投资放到这个地方来才行。这不像说上海要搞一个钢铁厂，上海没有铁矿，可以从澳大利亚通过远洋货轮把这个铁矿石运到宝山来加工、来生产。资源地是在澳大利亚，生产地是在上海，两者是可以分离的。不一定要生产钢铁就非得跑到澳大利亚去投资建设一个钢铁公司。

旅游投资就不是这样，想利用澳大利亚的黄金海岸就必须跑到黄金海岸去投资才可以，不能说在上海投资而利用黄金海岸的资源，它是刚性的投资、刚性的要求。

如果商品可以流动，可以通过物流来运送的话，在供给过剩的区域，可以通过物流运送到供给不足的区域去，区域之间是可以调配的，这样可以让供求尽可能地平衡。但对旅游来说，是没法调剂的，北京要开奥运会，如果说北京的客房不够，能不能从上海调运过来？上海要搞世博会，客房不够的话，能不能从北京搞几个过去？没法弄，饭店区际之间是没有办法调整的。

同样的，如果说市场需求萎缩了，供给也不能相应地自动萎缩。在一个特定的时间内，供给是保持稳定不变的，但需求是经常波动的。所以旅游经济中出现供求矛盾的概率可能会比其他很多行业都来得频繁。

由于旅游产品是没有办法进行空间上的移动的，所以行业的平均利润率这个概念，在某种意义上来说，并不适合旅游行业。利润率为什么会有平均化的过程？就是因为有竞争，竞争导致了利润的平均化过程。如果说这个产品在空间上都没有办法移动的话，没有办法竞争，可能就不存在着利润平均化的过程。上海的饭店怎么跟北京的饭店来竞争？怎么跟西安的饭店去竞争？没法竞争的。所以，一些传统的概念用到旅游行业当中的时候，一定要考虑是不是适用的问题。

当然在这里面可能会产生一个问题。比如以饭店为例，饭店一旦在某个地方建成之后就没法移动了，那如果真的碰到比如上海世博会那样对旅游供给需求很高的情况，这个供给怎么来满足它？世博会可能几十年才这么一次，上海有这种的需求机会，也可能只有2010年这一次，如果就为了这一年的时间、这一次的机会就拼命地增加供给，那世博会结束之后怎么办呢？建好的饭店放在那儿没有足够的需求就是个大问题。或者如果北京的客房不够住，把天津的客房调过来行不行？像这些在正常的旅游经济思考过程中都需要被考虑到。

没有绝对的，只有相对的。一旦客房建在北京，的确没办法运到天津去，但客房绝对不能动的情况下，有没有可能相对可移动？也就是通过人的流动的方式来解决。当然用人的流动的方式来处理的前提，是高速交通体系的完善。

比如说到二外校园里面来研学旅游，旅游完了之后，客房在海淀区，晚上要到海淀去住宿，与从二外这个地方出发跑到天津去住一个晚上，时间上算一下，很有可能还差不多，因为交通高速很方便。通过快速交通体系的建设，是可以让那些没有办法移动的旅游产品变得相对可移动的。另外一种方式，可以学学卡塔尔，卡塔尔搞2006年多哈亚运会的时候，酒店也不够住，怎么办呢？调两艘邮轮来，每一艘邮轮上的客房可能是上千间客房，真正的饭店建好是没法动的，邮轮今天可以开到多哈，明天它可以开走了，所以邮轮也叫移动的度假村。卡塔尔为2022年世界杯与MSC意大利地中海邮轮签署协议，租赁两艘邮轮作为"漂浮"酒店。如果从相对的角度去思考的时候还有很多解决方案，比如旺季的时候，没有办法解决住宿需求，如果天气有保障，可以搞帐篷，如此等等。

比如美国黄石公园，景区里面的住宿设施非常有限，但是它也会有一些营地，可以让游客以非常低的价格去搭帐篷，也是解决旺季需求的方法。比如说平常的时候黄石国家公园周边的客房的价格可能是80~100美元，而到旺季的时候可能翻一倍都拿不到客房，这个跟中国是一样的。从这个角度看，中国的游客还需要有一个不断成熟的过程，就像咱们游客有很多人到三亚去，说春节三亚的客房涨价涨得太高了，实际上如果到国外去的时候，这种现象同样会存在，但是没有游客会抱怨黄石国家公园的价格涨得太高了，黄石国家公园这个区域涉及两个州，这两个州的政府没有进行干涉，而是通过市场自发调整。

### （四）主体共享的经济

从旅游经济运行来说，因为买了这个产品之后，这个产品带不走，会存在着跟别人一起来消费这个产品的情况。当然是主体是旅游经济运行过程中的景区。景区的消费是一个共享的消费，花钱买门票到故宫去并不是说花了钱故宫就只有一个人在那儿转，而是会有成百上千的人一样花钱买门票到故宫去。这会产生什么样的问题呢？如果说这个产品的消费是共享消费的话，游客就会对这个产品本身效用的评价产生非常复杂的影响。这与所有权转移的物品不同，东西归顾客，爱怎么使用都是顾客自己的事情，别人不会影响到他对这个产品的消费。但是旅游消费不一样，你进故宫了，别的人也进故宫；你在看故宫的时候，别人也在看故宫，别人就会影响到你看故宫的效果。因为人们在欣赏、消费同一个景区、同一个主体对象物的时候，消费的方式不一样，就会产生相应的干扰。比如说有些时候，人们希望在一个非常安静的环境当中来消费、欣赏，但有可能跟你一起买票进去的人就非常喜欢热闹、吵吵嚷嚷的，那你就会觉得这个环境太吵了，不适合消费。比如说博物馆。

再比如度假，二人世界的度假和带孩子的家庭度假也是不一样的。如果这个地方既有两口子来度蜜月的消费，也有家庭带小孩来的消费，带小孩的这个家庭的消费方式就可能会对那个度蜜月的二人世界群体产生影响。做产品、做市场要考虑到评价的复杂性。这种复杂状况一定程度上可以通过有效市场细分加以解决。比如这个产品就是要瞄准二人世界，或者这个产品就是瞄准家庭度假，那不就可以解决问题？因为来的都是这类人群。要做市场细分的时候，一定要选择市场细分的标准。只有在同一个标准下所形成的市场，才是企业关注的对象。通过市场细分解决这个问题的关键在于，怎么样让细分市场是一个可以执行的，而不是挂在嘴边的细分市场。要做蜜月旅行市场，或者要做老年人市场，只说说是没用的。做老年人市场，最后来到这个地方旅游的真是老年人占绝对的主流，这才是成功的。要做蜜月市场，来的就是度蜜月的人居多，而不是做蜜月旅游的市场，结果来的都是老年人，那这个市场定位就失败了。怎样保证想让年轻人来、年轻人就来？想让老年人来、老年人就来？怎么做到这一点？这就是市场营销。市场营销就是把合适的产品以合适的价格通过合适的渠道卖给合适的人，所以一定要找到合适的渠道，一定要通过合适的渠道把信息传递到所定位的目标市场。怎么做到这点呢？如果定位老年人，结果拼命地在互联网上做广告，那可能就不是一种好的方式。老年人有老年人的媒体偏好，年轻人有年轻人的媒体偏好，如果想去做某个特定市场，一定要先把握其媒体偏好，然后把媒体渠道的选择与其偏好对接起来。这样可以尽最大可能保证信息传递与产品的定位相吻合。市场营销需要去选媒体，但其最终的目的是要去选受众、选消费者，媒体只不过是为了找到更合适的消费者时起一个中间的桥梁作用。选媒体本身不是目的，一定要把目的和手段分开来。

在整个旅游目的地经济发展的过程当中出现了很多与共享有关的或者借助于共享这个概念所产生的创新，比如说 Airbnb，这是一个共享概念在住宿领域的运用。而用车领域，如 Uber 等，其实也是一个共享的概念。前者主要是闲置的房间拿出来作为住宿设施，这个在国内也有一些类似的企业，比如像途家等，充分把闲置的资源拿出来共享。实际上自有旅游以来，共享现象就已存在于旅游经济运行之中。

## 三、旅游经济学研究框架

### （一）研究框架

旅游产业经济分析会涉及很多内容，比如会涉及旅游需求的分析，进而涉及对旅游者的分析；也会涉及旅游供给的分析，旅游供给会涉及旅游企业的分析、涉及旅游企业集合的分析，因此会有旅游产业的分析。旅游产业分析里，还会有产业组织的分析，包括对市场结构的分析、对市场行为的分析、对市场绩效的分析。还会涉及供给和需求之间整个旅游经济影响的衡量和分析。在旅游经济运行的过程中，除了供给和需求，除了旅游企业和旅游者，还有政府的分析、政府行为的分析。涉及的内容很多、很复杂，但是复杂的内容也可以用非常简单的方式——画图的方式来简化，比如说国与国之间的，它流动的方式如图1-1所示。

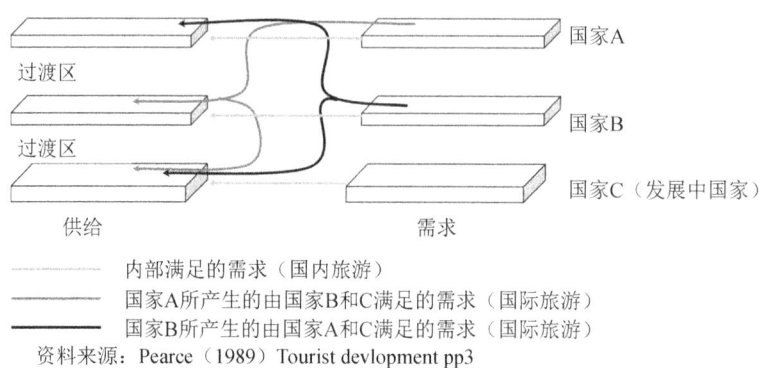

图 1-1　国际旅游的空间模式 Thurot（1980）

如果抛开国界概念，旅游可以变得更简单。旅游是什么？旅游是从一个地方到另外一个地方，就是点与点之间的流动关系，是一种空间移动。这个点与点之间的流动关系，它有简单的、有复杂的。比如从一个城市到另外一个城市，然后回来了；其他城市的人也是到这个城市，然后回去，很简单。但城市不是孤零零存在的，城市还有郊区，城市周边还有卫星城市，还有小城市，游客有可能到中心城市之后再到周边小城市去；小城市周边还会有乡村，游客还可能到乡村去；乡村再远的地方可能还有很多自然保护区、国家公园、野生动物栖息地。所以最初的两个中心城市节点，慢慢地会变得越来越复杂。游客流动的空间、流动的轨迹会越来越复杂。当然，实际上复杂和简单，只不过是把这个框画得大和小的问题，再复杂的情形用更大的框或黑箱涵盖住，也就变得简单了。这跟我们把黑箱打开的过程刚好相反。

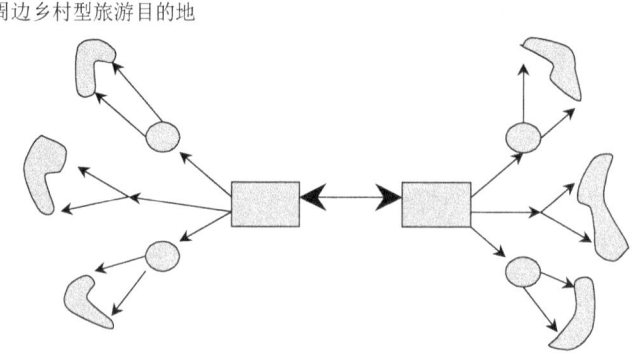

图 1-2　地区间流动模式 Lundgren（1982）

图 1-3 是非常有名的 Leiper 的旅游系统模型，但也无非就是两头、中间，两头是目的地和客源地，中间是通道。然后在外围，涉及经济的、政治的、法律的、社会的一系列的影响因素，其实也非常简单。

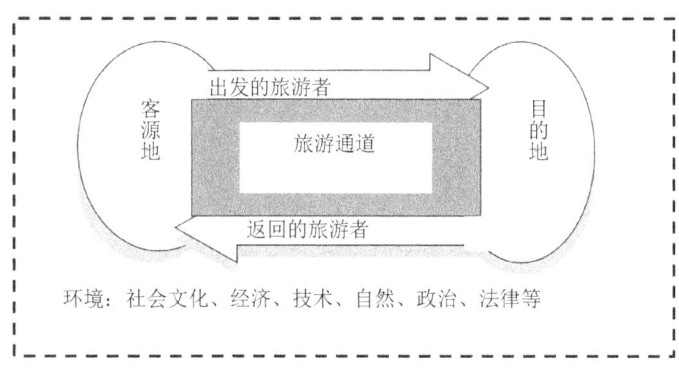

资料来源：Leiper，1990（略有改动）转引自 Chris Cooper etc 1999

**图 1-3　旅游系统模型 Leiper（1990）**

当然可以把这个图变得更简单，什么影响因素都不管，就管客源地和目的地这两头，就成了最简单的哑铃模型。

**图 1-4　旅游经济哑铃模型**

从这个哑铃模型中，可以进一步细化分析。一个地区既是客源地，又是目的地，它所承载的功能差不多。例如北京，客源输送能力很强，客源接待能力也很强。但并不是所有的地方都一样，比如像敦煌，或者喀纳斯所在的布尔津县，到敦煌、喀纳斯的人很多，每年源源不断地去，原来主要是夏季去，现在冬季也去冰雪旅游，去深度体验，进去的人很多，但是布尔津县是一个民族地区的边陲小县城，没有太大的消费能力，外出旅游的人流量会很少，布尔津县就是一个目的地型的地区。敦煌情况也类似。还有些地区自身的旅游资源禀赋不高，但本地的经济非常发达，显然消费能力很强，到这个地区的人可能少，出这个地区的人可能很多。所以它可能是一个客源地型的地区。因此，这里面再做变通，看看哪头大、哪头小，对旅游地区进行再进一步的分解。

哑铃模型还可以变成一个沙漏形状，就是旅游客源地到旅游目的地，假设旅游通道是没有任何限制的、无障碍的旅游通道，但实际情况未必是这样子的，有可能这个通道是有天然的瓶颈、客观存在的瓶颈，也可能有人为的瓶颈，就是不能够全部都通过，这个通道是变窄的一个通道。比如有很多地方为了保护这个地方的生态，并不希望来的人越多越好，需要有限制，这个限制可能通过交通来限制，也可能通过住宿设施来限制，这个中间就变得很窄。很多旅游景区强调可持续发展，为了保护生态，会让游客住宿的基地离景区有一定距离，两地之间需要通过交通转乘的方式来完成这种空间上的位移，这也是一种控制的方法。比如像欧洲的一些城市，它的古城发展也是一样，不一定把古城里边的基础设施搞得非常完备，而是要考虑到基础设施的建设、承载力和游客流量控制之间的关系。其实一旦这里面的基础设施建设得太完备的时候，老城里面的人不愿意搬走，消费者也愿意在古城里面滞留，这个时候麻烦就来了，压力就没法缓解，人迁不走，进来的人还很多，还愿意在这个地方停留下来，那就容易产生问题，给古城保护和利用的关系处理造成困难。

**（二）多样化分析视角：以需求为例**

第一，在旅游经济分析的过程中需要多视角地观察或者多角度地思考。比如，在旅游发展的过程中，一定会有旅游淡旺季的问题。这个淡旺季与旅游地的吸引物的淡旺季吸引力释放有关系，有些地方就是只有夏天的时候才好玩，冬天就没得玩，或者只有冬天的时候好玩，夏天就没得玩，这样的地方都有。每一个不同的吸引物，它的吸引力在不同的季节是不一样的，旅游目的地会有淡旺季的问题就再正常不过了。因此在现实的旅游经济运行的过程中会看到，旅游目的地会有旅游淡季的价格，也有旅游旺季的价格。言下之意，旅游企业希望通过淡旺季价格的调整来推动旅游供求平衡，价格卖得低一点，当然希望来的人多一点，否则为什么要降价呢？现在的问题是，如果想让淡季的人来得多一点的话，让淡季不是那么平淡的时候，除了价格之外还有什么方式方法可以让它变得更旺一点？整合营销专家唐·舒尔茨专门批评过中国的企业，说中国的企业把太多的能力、太多的资源放置在如何支撑在低价格情况下或者不断降低的价格下能够有微薄的盈利上。中国企业和国外的企业在品牌打造上的投入是不太一样的，中国经常打价格战、低价竞争，想低价的时候怎么样才能再挣点钱，所以价格调整在中国太司空见惯了。当然现在互联网发展起来之后，价格调整的方式也出现了很多新的花样，对价格调整需要从另外一个视角重新去认识。

淡季的时候，降价能不能真的让旅游需求更多一点？到一个旅游目的地主要的目的是什么？比如说在吉林很有名的一个景观就是雾凇。冬天气候温度适宜的情况下才能够产生雾凇这种景观，所以雾凇的旺季显然是冬天，夏天看不到雾凇。冬天看雾凇的时候，假如需要花100块钱买雾凇景区的门票，到夏天降到50元，会有游客去吗？显然不会，因为即使少花50块钱但看不到雾凇了。这个问题在于人们到任何一个地方去，当然需要支付价格才能去，才能去消费，但他真正的目的是要到这个地方实现某种他特定的利益诉求，比如冬天来看雾凇，夏天来没有雾凇，那没有雾凇的时候，50块钱没有办法保证他实现看雾凇这个利益诉求。这时候50块钱不来，降到10块钱也不来。因为游客所要的景观不存在。

问题是像吉林这种冬天看雾凇、夏天没有雾凇看的情况怎么办？这时思考问题的方向就转向冬天来看雾凇，夏天可不可以来看别的？冬天可以滑雪，夏天可以滑草。这是吸引物本身的变化。同样这个旅游目的地，这个季节卖这个季节的吸引力，换一个季节，就卖换一个季节的吸引力。在滑雪的季节，可以卖得很好，因为有很多人喜欢来滑雪，但没有雪滑的时候，可以搞滑草，也同样会有很多人对滑草感兴趣。所以到滑雪的淡季，未必一定就是这个滑雪旅游目的地真正的旅游淡季，因为可以去开发新的吸引物。

第二，原来这个产品是卖给某个目标人群的，这个人群现在不想买了，没兴趣了，那能不能换个人群？同样的东西卖给不同的市场，未必要通过降价的方式来销售。比如，在东北面向东北人卖看雪这个产品，说下雪了，你们来看吧，然后收钱，东北人干吗？肯定不干，下雪可以天天免费看，干吗交钱看雪？但如果说到东南亚去卖这个产品，情况可能就不一样了。如果说再告诉他到长白山去看下雪玩雪，那更不一样了，本来可能是没人买的一个产品，市场换一换，消费就来了。就像原来，中国很多北方山岳型的景区，到了冬季的时候，原来都是封山的，不接待游客。但现在冬天可能是它的小旺季，原因就是目标人群变了。

第三，还可以调整满足消费者的利益来调节淡旺季。例如，五台山是佛教圣地，宗教名山，同时也是一个避暑胜地。10月以后，天气冷了，游客就少了，到冬天的时候一定更冷，游客会更少。但如果调整一下利益，游客到五台山来，不仅看寺庙，看宗教文化，还可以上山去采中草药。在旺季的时候可以不搞这个，在淡季的时候可以调整利益，原来可能就是奔着宗教寺庙来的，现在把一个新的效用加进来，调整游客利益的诉求，结果可能又不一样了。

再比如说，这个地方淡季的时候没人来了，游客数量减少了恰恰是很多人所希望看到的结果。比如说年龄大的老年游客，他未必喜欢拥挤的时候，而是喜欢人少的时候。虽然在这个时候，他所看到的景观可能跟旺季的时候不一样，但是也能够满足他的需要，因为他跟旺季时的游客追求的利益不一样。

# 第二讲
# 中国旅游经济：新常态与新理念

## 第一节　旅游发展的方向

技术的变化会对整个旅游经济的发展产生很大的影响，从而使得人们的消费行为，包括假期预订旅游产品都会更多地通过互联网的方式来解决。互联网是一个虚拟的网，跟虚拟互联网相关的，可能还有另外一个网，这个网对整个旅游经济的运行也会产生很大的影响，这就是交通网络。任何一个地方旅游经济的发展，都避免不了游客怎么进来、游客怎么出去这一问题。而地方的可进入性一定需要交通来完成。以高速铁路为例，我国高速铁路基本达到除乌鲁木齐、拉萨、海口之外，从北京出发到省会城市八小时之内，相对于临近的这些省份省会之间的高速交通四个小时以内可以到达的目标。

同时在《国家高速公路网规划》中也提出了总规模约8.5万公里的方案，将连接全国所有的省会级城市、目前城镇人口超过50万的大城市以及城镇人口超过20万的中等城市，将实现东部地区平均30分钟上高速、中部地区平均1小时上高速、西部地区平均2小时上高速的目标。该高速公路网络的规划充分考虑到了人们旅游、休闲对交通的需求。如此庞大、快速的高速公路网络一旦形成，将对旅游经济的发展产生以下三方面比较重要的影响。

## 一、推动旅游目的地的分工

各个旅游地区在整个交通网络当中所扮演的角色可能会发生变化，而这种角色变化也可能会使旅游地区在旅游产业配置及其配置方向上做出调整。比如旅游目的地可能进一步会区分出来，有些是旅游集散地，有些是真正的旅游目的地，有些是人们在旅游消费的时候，跟休闲有关的集聚空间，有些则是承担着某个旅游主体功能的区域。

举个在国内比较典型的例子，在快速交通体系还没有形成的时候，人们从外地到云南，可能会在昆明待上一两天。然而随着云南支线机场的加快建设，一个明显的变化便出现了，人们从外地进入云南，第一个落脚点一般还是昆明，但昆明可能只是作为一个过境地而已。人们到昆明，马上就可以坐支线飞机或者其他的交通工具，转到丽江、大理。在这个时候，昆明就会从原来的旅游目的地变成一个旅游集散地。然而一座城市作为旅游目的地与它只是作为一个旅游中转站时所产生或衍生的消费是有非常大的差异的。因此任何一个地方都不愿只承担来了就走的旅游集散地的角色。我们还可以发现，一个地方之所以会存在，是因为这个地方有景区。在没有快速交通体系的时候，因为有了景区，围绕着景区就产生了一系列的衍生消费，整个旅游地区的配套产业或者俗称的"光临消费"都能够吸收下来。如今随着交通的快速发展，人们到景区可能很快，而离开景区也很方便，因此景区就只是一个景区而已，旅游地也可能从原来旅游目的地的概念变成了旅游景区所在地的概念。当前景区门票价格下降或者免票的呼声越来越高涨，如果单纯依靠"门票经济"赢取利润，那旅游地的发展前景已经不太乐观。在快速交通体系没有形成的时候，由于交通的相对不畅通，人们在旅游目的地会有足够长的停留时间。然而在现阶段，人们可能只会在旅游目的地做短暂停留，旅游目的地很可能成为只供人们旅游的地方而非产生衍生休闲消费的地方。

那么在交通建设日益完善的今天，为了让人们延长在旅游目的地的停留时间，相应的问题便接踵而来。比如景区如何配置资源？如何将产业形态和新的业态融入景区？公共服务设施如何予以配套？因此对于旅游目的地来说，就提出了很多新的要求，包括在旅游目的地发展的过程中，不能仅仅关注景区和景观的建设，而要更加强调服务的配套、休闲环境的营造等。这样人们才可能延长在旅游目的地的停留时间。

## 二、推动集散地与目的地角色的调整

由于高铁的发展改变了旅游客流方式和消费者对旅游空间距离的感知，从而使得很多资源型地区可能面临被动地成为之前那些旅游集散地的资源飞地，旅游集散地可能没有丰富的旅游资源，但完全可以利用资源所在地的资源来发展除了景区之外的其他旅游衍生消费。比如河北吴桥和山东德州。河北吴桥，地处河北沧州，是我国著名的"杂技之乡"，2006年吴桥杂技被国务院列入第一批国家级非物质文化遗产名录。然而吴桥杂技这么丰厚的资源却很容易为德州做嫁衣裳。由于德州和吴桥相距仅30公里，随着快速交通的建成，人们在吴桥观赏杂技后就可以回到德州。尽管吴桥隶属河北，资源没有变化，但是最后吴桥好像成了德州的一个飞地。因此任何旅游目的地都不应该认为只有旅游资源就可以高枕无忧，其实还有很多问题亟待思考和解决。

## 三、网格化结构将成趋势

高速交通的发展对旅游地产生的另一个比较大的影响是，旅游目的地面临的竞争对手会变得无处不在。第一方面，在旅游经济学中有"圈层辐射"的说法，即在一个客源地周围会围绕着许多旅游目的地，客源地的游客在外出旅游的选择上会先选择就近的目的地再考虑远距离的目的地。在圈层中，客源地相同距离上会有多个可选择的目的地，那么竞争对手也会有多个。但是随着快速交通体系的出现，一方面，客源地的竞争对手不仅仅是同一空间距离圈层上，而是取决于交通网络的便捷程度。因此围绕交通网络，在网络当中的每一个节点都有可能成为竞争对手，竞争也一定会越来越激烈。如今，对距离的概念需要有新的理解。第一个是空间距离，A地到B地100公里、200公里，这是空间的概念。第二是时间距离，也可以理解为"感知距离"，即从A到B需要花1个小时还是花5个小时。由于快速交通网络的建立和时间花费等原因，人们实际上感知到的客观距离短的地方可能会比空间距离远的地方还远。除此之外，文化的同质性或异质性，也使得人们对旅游目的地距离上会有不同的认识。同时，不同的群体，比如学生群体和企业家群体对距离的感知也会有所不同。因此，在选择旅游目的地时衍生出来的空间距离、时间距离、文化距离、经济距离等距离概念，涉及了众多的旅游目的地，都可能成为新的竞争者，需要加以重视。

第二方面，是跳跃性的空间演进。传统的旅游目的地演进基本遵循"点—轴"式发展的模式，而随着高速铁路的发展，尤其是高速铁路网络的形成，旅游目的地的演进模式将可能会转换为"点—轴—网"结构，从而使得旅游目的地与旅游客源地之间原有的圈层辐射效应消失，目的地吸引力大小从波浪式空间演进转换到跳跃式空间演进，离客源地客观距离近的旅游目的地未必比离客源地客观距离远的旅游目的地更有吸引力和交通优势。

第三方面就是集群化发展转变。要抱团取暖，抱团打天下。在旅游目的地的发展过程中，如果强调自身的发展，而不考虑周边其他旅游目的地的协同性，很有可能其自身的吸引力就会下降。目前越来越多地方的旅游主管部门、地方政府都更加强调区域旅游的合作。只有整个区域得到了发展，在这个区域中旅游目的地的地位才可能提高，旅游经济收入才可能增长。因此就需要旅游目的地从原来孤岛型的发展向区域合作的集群式的方向转变，加强区域的内聚化发展，延长旅游者在区域中停留时间，这样旅游目的地才可能获得更长的停留时间。

## 第二节 旅游转型的发展方向和层次

### 一、转型的方向

#### （一）我国旅游产业的市场化发展

当然，中国经济社会发展的目标是要发展社会主义市场经济，旅游产业会与其他行业一样，一定会加强市场化的发展，包括景区的两权分离、国有饭店的推向市场等。以景区来说，景区两权分离的市场过程有很多具体的问题，比如景区的经营权要让渡给市场，以什么样的价格来让渡？什么样的方式来让渡？让渡出去的时间期限应该多长？让渡出去之后，作为景区所在地的代表，政府应该如何从中去获取收益？获取的收益是固定收益还是按比例来获取收益，还是其他收益？虽然这涉及很多问题，但旅游产业的市场化已经成为不可阻挡的潮流。

### （二）单体发展向网络深化的转型

作为企业来说，如果要想获得规模经济，要想获得竞争的实力、竞争的优势，就不能再简单地强调单体的发展，而需要借助于网络，实现网络深化的转型发展。

### （三）部门管理向行业管理的转型

在旅游管理的过程中，往往过分强调部门管理的问题。比如原来简单地强调旅游局就是管旅行社等。现阶段，部门管理的概念需要放大到整个旅游行业，应当从之前的管事、管产业转变为强调服务于消费者，做到行业管理。举例说明行业端和行业管理，行业管理就是警察，就是路上的交通民警，因为在路上跑的车，归属的部门都不一样，有私家车、公务车，有中国的，还有外交使馆的车等各种各样的车，但是不论车的归属部门是哪一方，只要司机上路开车，交通民警就有权管理。旅游也是一样，只要属于接待旅游一方，旅游管理部门就应该有权加以管理。

## 二、转型的层次

旅游转型的发展层次主要从体验、产品、消费、模式四个方面体现出来。

### （一）体验

在旅游发展过程中，体验可以有不同的层次，从想看到回头看，从具象到抽象，从见到识。有的景点，人们只是去看一看而已，这是一种体验，也是俗称的走马观花式；而有些是这次看了之后，觉得非常棒，下次还想去，成了回头客，这又是一种体验。还有人们可能去看具体的景点，比如长城、故宫，但也有人会选择成都，悠闲地喝茶、摆龙门阵，这种抽象的方式又是另一种体验。

通常人们通过旅游来增长见识。"见识"这两个字，虽然习惯上是放在一起来看的，但是这两个字一定要一分为二地来看，见是见，识是识，两者不完全连在一起。有很多人去看过很多地方，见过很多东西，但如果让他讲讲所看到的东西的收获，却不一定能讲出来。这就只有见，没有识。怎么才能让人们既能够看到，又能够体验，这就是一个体验的变化，原来强调的是"见"，强调表面的体验,"识"就是深层的体验。

### (二)产品

旅游转型中重要的一环就是从单一的观光产品到复合型产品(休闲、度假、娱乐等)的转型。关于旅游产品的转型,不可能完全摒弃观光产品,而全部发展休闲、度假旅游产品。这与中国的现实也不相符。从全球的角度来说,中国的旅游资源确实非常丰富,但是中国并没有有效地将这些旅游资源转变为对市场、对入境旅游市场真正具有吸引力的产品。因此在旅游转型的过程中,如何把资源和产品进行有效的转化和过渡、需要附加哪些因素从而完成转变,这都是需要考虑的问题。

### (三)消费

第一,旅游消费从"买罪受"到"买享受"。在过去旅游消费是"花钱买罪受",辛辛苦苦掏了钱,买了机票,抽出时间,结果到了景区到处乌泱乌泱全是人,通俗的说法就是"大人看脑袋、小孩看屁股",到处都是人。然而现在却大不一样了,人们在旅游消费过程中,从"花钱买罪受"正转变为"买享受",游客希望能够享受到优质的服务、美丽的景观、舒适的住宿等。

第二,从单一平面到立体综合。目前人们在旅游消费时,正从单一的平面消费,向立体的、综合的消费转变。原来人们出去旅游,一定要看景区,相应的在景区方面的消费会比较多,但在其他方面可能就会比较节省。如今随着人们收入水平的不断提高,其他衍生消费也逐渐地完善起来,人们对于消费的选择也更加综合化、立体化。

第三,从门票经济到旅游经济。目前强调景区从门票经济中走出来的呼声越来越高。要发展旅游经济,并不是简单的门票经济。但是如果单纯地免门票,而不考虑一个前提条件,人们的消费是从单一平面消费到立体综合消费转变,那么免门票也不是一个很好的方式。从门票经济到旅游经济的转变过程中,旅游目的地需要详细地分析和衡量自身在人们旅游的整个行程当中处于什么样的位置,如果只是一个中转或者某个节点,而不是最终的旅游目的地,那么完全免门票对旅游目的地只会消耗资源,而不会有较大的收益。

### (四)模式

旅游发展模式需要从孤岛式点状发展向一个集聚方向去发展。旅游目的地内部也是一样,现在越来越强调景区集聚的发展。比如发展主题公园,旅游目的地不仅仅需要建立一个主题公园，同时也要围绕这个主题公园建立若干个其他配套。比如旅游综合体的建设，在空间聚集与人们休闲和需求相关的东西。再比如旅游产业园区，在旅游产业园区里，可以生产与人们的休闲消费有关的各种装备，休闲运动装备，或者围绕着人们休闲消费的需求，把吃住行游购娱等要素在空间中加以配置。在模式转变中，从重景发展到文景双修的模式转变也日益突出。原来比较强调景观的旅游目的地，在转型发展过程中，不仅仅强调景观，同时还强调景观背后所蕴含的文化，重视文化元素的挖掘。这也是在旅游转型发展在模式上的体现。

## 第三节　中国旅游经济新常态

中国目前的经济位置正处于"三期叠加"：经济增长速度换挡期、结构调整阵痛期、前期刺激政策消化期。"三期叠加"也可以有另一个说法，那就是新常态。中国整体经济有新常态，那么旅游经济在新的环境中也有新的变化，这些新的变化可以从下面几个方面来理解。

### 一、从业内融合到跨界融合

旅游业在产业结构转型升级中已经并将进一步发挥产业融合剂的作用，给其他产业带去了新的市场、新的方向和新的商业生命周期，旅游业也在与其他产业融合的过程中汲取了全新的运作模式、经营理念和资本力量。旅游领域内之所以能够打破传统上"羊毛出在羊身上"的盈利模式，形成"羊毛出在牛身上"之类的创新，其根本就在于产业内部的融合以及产业间的跨界融合，如果没有基于融合所形成的产业生态圈，很多旅游领域内的创新是不可能出现的。这些创新包括企业内部的产业生态闭环，如华侨城旅游发展过程中形成的"A（Attraction）+ B（Bussiness）+ C（Culture）"模式；也包括产业内的产业生态闭环，如去哪儿网等在线旅游领域内相关企业致力于打造的平台型组织；还包括产业间的产业生态闭环，如同程网整合在线旅游、景区、京东、招商银行等不同产业内企业而形成的"一元门票"这种协同模式。

不过，无论是上述这些案例，还是万达、复星投资旅游项目，或者百度、阿里进军在线旅游，目前更多的跨界融合力量是来自于市场的自发，政府对旅游产业融合的实质性推动还较为薄弱，也不否认有些地方在旅游业跨界融合方面更多的还是停留在口头上，尤其是各地各级旅游行政主管部门可用于激励旅游业跨界融合的政策手段很有限。2009年的41号文件尽管也提出旅游业与工业、农业等产业的融合，但并没有改变政策上无法融合的状况。

从这个角度看，其实旅游系统内部的改革空间是比较有限的，改革的重要方向是政府让权于市场。尽管旅游行政主管部门还需要加快推进改革，但客观而言，可以通过改革让诸市场的东西其实并不多，要想通过改革推动旅游业发展，更多的改革可能在于与旅游密切相关的系统外部门的放权。从具体内容看，我们可以发现，31号文件不仅将"坚持融合发展，推动旅游业发展与新型工业化、信息化、城镇化和农业现代化相结合"作为"树立科学旅游观"的重要内容，从而在有关旅游业地位和作用等务虚方面达到了一个全新的高度，更是在具体政策和措施上提出了"统筹利用惠农资金加强卫生、环保、道路等基础设施建设，完善乡村旅游服务体系""国家支持服务业、中小企业、新农村建设、扶贫开发、节能减排等专项资金，要将符合条件的旅游企业和项目纳入支持范围"，这显然是更加务实的改革措施，有助于打破旅游业融合发展中存在的政策障碍。

## 二、从技术渗透到技术人本

技术创新与产业发展的结合是近些年旅游业发展的重要现象，尤其是互联网技术、信息技术与旅游业的深度结合，形成了众多的旅游领域的创新企业，无论是去哪儿还是携程，无论是驴妈妈还是马蜂窝，如此等等，这些企业在让人们更智慧、更便利地旅行方面发挥了积极的作用。但是我们不能忘了，这些技术之所以能够给旅游业带来全新的模式，不仅仅在于这些技术本身的先进性，更在于在中国经济发展过程中、在中国旅游业演进过程中，市场上出现了大量的全新的消费者，是这些一出生就生活在市场经济环境和互联网环境中的"80后""90后"消费者的内在需求和禀赋变迁成就了这些创新企业，推动了旅游业的变革发展。

因此，无论是政府还是企业，都不能忘了时刻问问自己，谁是新常态下的消费者、这些消费者有什么样的特征、他们都需要什么样的产品与服务、我们应该通过什么样的营销渠道去打动这些消费者？如果我们忘了这些，无论是什么样的技术渗透、政策创新，恐怕最终都将成为市场上的"摆设"，在新常态下失去生命力。

通过对31号文件进行语义网络分析，我们很高兴地看到，31号文件是一份实实在在重视需求、以需求为中心的重要文件。只是旅游相关企业乃至旅游目的地旅游主管部门在落实31号文件的过程、在自身具体的发展过程中，一定要注意，任何技术的渗透都不构成智慧旅游的全部，只有把技术的智慧和人的智慧结合起来，才能真正实现智慧旅游的宏伟目标；也要注意到，任何旅游信息的网络都不构成旅游信息化的全部，旅游信息化一定是包含了旅游数据采集、旅游数据存储、旅游数据集成、旅游数据分析、旅游数据配送、旅游数据应用等诸多环节在内、协同了旅游信息受体和主体关系的链化成果。

我们恐怕很难想象，一个没有创新的、稳定的数据采集渠道的旅游企业（或旅游行政主管部门）能够真正了解消费者；我们也很难想象，一个没有精准的、高效的数据配送机制的旅游企业（或旅游行政主管部门）能够真正影响消费者。所有的技术渗透都需要以人为本，技术化发展的最终目的是要人性化服务，是技术去适应人，而不是人去适应技术。

### 三、从内部创新到外部创新

笔者在十多年前曾经提过一个旅游发展的创新迭代模型，这个不太成熟的模型包括了开发创新、配套创新、组织管理和制度创新，这些创新是继起性、交替性地迭代的，每个不同的发展阶段又有不同的创新重点。这其中很多是企业可以通过自身努力实现的创新，有些则是企业无能为力而必须依赖外部环境改善的创新，我们姑且将前者视为内部创新，后者视为外部创新。

在中国旅游业发展的进程中，我们可以看到以旅游景区为主的开发创新、可以看到围绕传统旅游六要素进行的配套创新、可以看到基于制度约束下的企业自身的创新，接下来我们将看到的更多的是政府大幅度减少对资源的直接配置、市场化改革在广度和深度上的新发展，以及在这些制度创新下旅游业的新发展。

在31号文件中，我们看到"推动旅游市场向社会资本全面开放""强化全社会依法休假理念，将带薪年休假制度落实情况纳入各地政府议事日程，作为劳动监察和职工权益保障的重要内容""改革完善旅游用地管理制度，推动土地差别化管理与引导旅游供给结构调整相结合"等都是影响深远的重要制度创新，我们也乐见未来将出现更多的制度创新迭代。

### 四、从带病增长到内生增长

尽管对于旅游消费总额之类的指标还有商榷的余地（因为这类指标并没有剔除CPI影响，所以是名义旅游收入，而不是利用CPI平减指数计算所得的实际旅游收入，这会使得客观性、可比性受到一定程度的限制），但31号文件不再提旅游人数等指标，希望通过评价指标的调整来对以往旅游经济增长模式及时矫正的思路是完全正确的。带病的、带着水分甚至泡沫的旅游经济增长并不是我们所需要的，新的发展时期需要的是在公共服务完善基础上的旅游消费内生增长。

我们需要矫正以往那些将"个人需求产业化"后形成的旅游供给（即那些没有足够市场需求支撑的、凭着领导意志形成的旅游供给），研究这些旅游供给如何加快改革、面向市场的问题；我们也需要关注那些在政府意志、官员意志下形成的面子性旅游供给如何还原、转型的问题；我们还需要关注以往"寄生"在不正常的公款公务消费基础上的旅游收入增长问题；我们更需要关注诸如房地产市场发展趋势调整后对旅游业发展的影响问题（比如以前很多高星级酒店的运营实际上可以分解为酒店经营业务和房地产增值两部分，甚至因为房地产增值而可以忽略经营业务的亏损）。我们不否认，在旧常态下，这些都曾经是旅游经济增长的推动力量，但我们不能忘记，在新常态下，这些推动力量正在快速退出。如何在这些战术性力量退出的时候找到持续推动旅游业发展的战略力量和新的商业模式，已经成了当前非常急迫的任务。

表2-1 CPI平减后的国内旅游收入测算

| 指标 | CPI（1978=100） | 国内旅游收入（当年数，亿元人民币） | 国内旅游收入（1993年为基期，亿元人民币） |
| --- | --- | --- | --- |
| 1994年 | 339 | 1024 | 825 |
| 1995年 | 396.9 | 1376 | 947 |

续表

| 指标 | CPI<br>(1978=100) | 国内旅游收入<br>(当年数,亿元人民币) | 国内旅游收入<br>(1993年为基期,亿元人民币) |
|------|------|------|------|
| 1996年 | 429.9 | 1638 | 1041 |
| 1997年 | 441.9 | 2113 | 1306 |
| 1998年 | 438.4 | 2391 | 1490 |
| 1999年 | 432.2 | 2832 | 1789 |
| 2000年 | 434 | 3176 | 1998 |
| 2001年 | 437 | 3522 | 2201 |
| 2002年 | 433.5 | 3878 | 2443 |
| 2003年 | 438.7 | 3442 | 2143 |
| 2004年 | 455.8 | 4711 | 2822 |
| 2005年 | 464 | 5286 | 3111 |
| 2006年 | 471 | 6230 | 3612 |
| 2007年 | 493.6 | 7771 | 4299 |
| 2008年 | 522.7 | 8749 | 4571 |
| 2009年 | 519 | 10 184 | 5359 |
| 2010年 | 536.1 | 12 580 | 6408 |
| 2011年 | 565 | 19 305 | 9332 |
| 2012年 | 579.7 | 22 706 | 10 697 |
| 2013年 | 594.8 | 26 276 | 12 065 |

注：以1993年为基期

那么，未来的战略性需求究竟是什么？应该如何来看待这部分需求？尤其是在将旅游视为提高人民生活质量、培育和践行社会主义核心价值观的重要体现和手段的情况下，如何来看待旅游的"必需"性以及采取什么样的态度来开发这些"需求"显然就成了绕不过去的话题。在中国社会经济发展"旧常态"下已经习惯于将"必需"包装成"刚需"，然后让"刚需"成为支撑经济发展、攫取经济利润"理直气壮"的说辞的情况下，对这个问题郑重其事地分析和讨论就显得更加重要。这也是《旅游法》开宗明义讲到"国家发展旅游事业"，《中共中央关于全面深化改革若干重大问题的决定》专门提到"建立国家公园体制"，31号文件又在"创新发展理念"中强调"让广大游客游得放心、游得舒心、游得开心"，在"深化旅游改革"中提出"稳步推进建立国家公园体制"，在"拓展旅游发展空间""优化旅游发展环境"等部分多次提到规范价格、提供优惠等具体举措的重要出发点。

### 五、从碎片市场到系统市场

在一个经济体大发展初期，市场空间往往呈现出碎片化的特征，在这样的碎片化市场中，依靠企业家的慧眼、胆识、判断力和快速反应能力，企业就能够迅速发展壮大。"百废待兴"的环境中可以说到处都是发展机会，而在"百家争鸣"的环境中要想脱颖而出显然要难得多。在一个经济体的发展成熟期，市场空间往往呈现出系统化的特征，在这样的系统性市场中，企业的发展就需要企业家具有战略眼光、商业智慧，企业只有立足于产业生态才能够取得持续的发展。中央的"八项规定"、反腐风暴将加速那个病态性市场的消亡、加快系统性市场的诞生。

因此，对于31号文件中提到的"支持具有自主知识产权、民族品牌的旅游企业做大做强"可以从两个方面来看：如何看待这些企业之前形成的"大"和"强"，如何看待这些企业"做大做强"与深化旅游改革的关系。

在中国旅游行业有很多大企业，但需要清醒地认识到，这些企业是怎么做大的，是因为企业自身的竞争力促成的还是市场本身造就的。中国很多旅游大企业是市场造就的，而不是能力造就的，对于国有大型旅游企业而言则更有不少是政策造就的。随着市场回归到商业本来的面目，随着经济发展的转型换挡，随着政策性保护和垄断加快淡出，这些机会导向而非能力导向的企业能否继续强大下去，无疑需要打上一个大大的问号。

当然，我们也不否认在市场经济大潮中，中国出现了很多市场化的大型旅游企业。这些大企业仍可以继续沿用传统的低价手段来做大。我们需要关注的是，在过去的三四十年，很多中国的企业（包括旅游企业）过多地将资源配置在打价格战上、将企业的能力发展的重点放在如何保证低价格前提下的盈利问题上。随着所谓的低工资优势逐渐消失,这种"以低工资来保持低成本,以低成本来维持低价格,以低价格来获得竞争优势"的企业发展思路已经到了必须调整的时候。如果企业要想进一步做强,必须积蓄价格战之外的、能够给企业带来持续发展动力的核心竞争能力,比如学习能力、创新基因、质量稳定、品牌资本化等方面的能力。

新时代的旅游企业不能把眼光一味地盯在消费上,而是需要高度重视消费者。消费与消费者尽管只有一字之差,但对于企业发展却是根本的战略差异。企业只有真正关注消费者的消费体验了,消费者才会成为企业发展的财富,为企业贡献源源不断的利润。新常态下的旅游企业还需要善于运用平台战略,闯出平台型旅游企业的新路子。"政治、经济、文化、社会、生态五位一体"最终都必然统一到生态上来,旅游业的发展也需要高度重视经济生态,高度重视产业生态、市场生态、产品生态乃至营销生态等多层面的生态平衡与再平衡问题。旅游经济的发展需要借鉴生态群落理念,培育形成旅游产业生态圈,用"你好我好"的共同演化思想去代替以前那种"你死我活"的双输思路,在共同进化、共同发展的产业生态圈中获得更持续的发展。

更进一步看,我们可能还需要注意,绝对不能在"做大做强"与"改革发展"之间画上等号。改革的目的不是简单地做大做强,因为做大做强也可以通过政策保护、政府干预来达到,而改革是要改掉企业发展中不适应市场发展内在要求的、不符合市场经济规律的部分,让企业能够不断提升市场化的生存发展能力。因为我们终将会过渡到系统性市场,而且这个过渡的速度将会非常快。如果改革的目标是为了更加市场化、更加符合系统性市场的要求,那停留在旧常态中的做大做强之意义何在。而且我们已经看到,很多时候如果不改革,实际上我们要想把企业做强是很难的,有研究发现,2014年世界500强中有50家出现亏损,其中16家是来自中国的国有企业。

## 六、从点线发展到全域旅游

31号文件倡导要"推动旅游产品向观光、休闲、度假并重转变",产品发展重点转变的背后,应该是调整传统的点线旅游发展模式,以适应"多样化、多层次的旅游消费需求"这样一个新环境。全域旅游可能就是其中重要的发展方向之一。31号文件中提出,要着眼于国际政治经济大背景,在区域次区域合作机制框架下推动区域旅游合作；要"优化旅游发展环境"，完善旅游公共服务密切相关的多项政策。这些政策要解决的其实就是空间上的全域化和非地理空间意义上的多元突破问题。

"全域旅游"就是指各行业积极融入其中，各部门齐抓共管，全域居民共同参与，充分利用目的地全部的吸引物要素，为前来旅游的游客提供全过程、全时空的体验产品，从而全面地满足游客的全方位体验需求。"全域旅游"所追求的，不再停留在旅游人次的增长上，而是旅游质量的提升，追求的是旅游对人们生活品质提升的意义，追求的是旅游在人们新财富革命中的价值。

全域旅游不仅强调产业内资源整合，而且更加强调产业外要素优化。从未来的旅游目的地发展而言，旅游产业的具体形态和组成将变得不那么重要，重要的是有没有相应的供给能够满足人们变化之后的生活方式所衍生出来的需求、能不能适应变化了的环境（包括技术环境、社会环境等）的要求。也就是说，在旅游目的地的发展发生了阶段性变化的情况下，我们需要重新关注影响功能性结果形成的核心要素。这其中包括劳动力、土地、制度、技术、资本等核心要素，应该从社会管理的高度来研究如何应对巨量的旅游者流动所带来的影响和产业的响应机制。而31号文件中很多制度性、政策性的完善其实解决的就是这些旅游产业发展之外要素的优化问题。比如，文件指出，"加强乡村旅游人员培训，鼓励旅游专业毕业生、专业志愿者、艺术和科技工作者驻村帮扶，为乡村旅游发展提供智力支持""建立完善旅游人才评价制度""建立一批国家旅游人才教育培训基地""鼓励专家学者和大学生等积极参与旅游志愿者活动"，等等，解决的就是旅游业改革发展中人的问题。其他关于资本、制度、技术等方面的要素优化之举也构成了31号文件的重心。

全域旅游不仅强调旅游的核心体验，而且更加强调体验生态圈构建。新常态下的全域旅游发展需要围绕着旅游体验目标链来研究旅游体验圈层、旅游体验场域、旅游体验对象谱等问题，意味着我们需要形成旅游产品生态圈层，在这个生态圈层中，不仅包括差异化的景观，也包括自然环境、社会环境、空气质量等以往旅游业发展过程中被忽略的因素。全国大面积的雾霾天气对旅游的影响就是一个很好的例子。

# 第四节　新理念：全域旅游

在新常态背景下，旅游正从点线旅游转变为全域旅游。笔者形成"全域旅游"的理念，是从笔者2011年做绍兴市"全城旅游"的研究报告中演化而来的。"全域旅游"就是指，各行业积极融入其中，各部门齐抓共管，全体居民共同参与，充分利用目的地全部的吸引物要素，为前来旅游的游客提供全过程、全时空的体验产品，从而全面地满足游客的全方位体验需求。"全域旅游"所追求的，不再停留在旅游人次的增长上，而是旅游质量的提升，追求的是旅游对人们生活品质提升的意义，追求的是旅游在人们新财富革命中的价值。"全域旅游目的地"就是一个旅游相关要素配置完备、能够全面满足游客体验需求的综合性旅游目的地、开放式旅游目的地，是一个能够全面动员（资源）、立足全面创新（产品）、可以全面满足（需求）的旅游目的地。从实践的角度，以城市（镇）为全域旅游目的地的空间尺度最为适宜。

## 一、全域旅游四种新的表现形式

第一，全新的产品观。全域旅游理念，从旅游产品的角度理解，这不仅仅是要包括吸引物、吸引物所在的环境，还需要包括吸引物所处环境中的居民及其文化。文化不仅体现在建筑上、文物上，同时也体现在当地居民的交流语言、生活态度、行为方式、文化取向上。居民的参与是全新产品观的重要体现，居民对所居城市、乡村的记忆和体验是游客感受目的地的重要媒介和信息来源。

第二，全新的市场观。一般我们传统上把旅游市场分为国内旅游市场、入境旅游市场、出境旅游市场三大部分。但是旅游目的地在以全域旅游发展的过程中，游客与居民并不是非此即彼的关系，旅游市场主体不局限于外来的基于旅游目的的游客，也包括内在的基于休闲需求的居民。居民可以从休闲中享受高品质的生活，休闲中的居民本身也是游客体验的兴趣点。旅游不仅要为外来游客提供优质的服务，同时也要充分考虑"生于斯，长于斯"的本地居民的利益。在发展乡村旅游时，要留住乡愁。"乡愁"不仅要求乡村旅游需要有特色和特质，同时根本的还是应该通过乡村旅游的发展提高当地居民的社会经济发展水平，改善居民的福利水平和生活水平，真正为外地人也要为当地人做好服务。

第三，全新的资源观。在传统旅游资源观念的认识上，景区是由若干物化的景观聚集而成的。但是在全域旅游的发展过程中，旅游资源已经不仅局限于旅游吸引物的类型，需要从自然的、人文的类型再进一步扩张到社会的旅游吸引物。与此同时，全域旅游还需要将吸引物自身与吸引物所处环境结合在一起，否则孤立的吸引物就如同博物馆中的展品，很容易丧失其鲜活的生命力和吸引力。以丽江为例，丽江的闻名是从丽江地震之后，从目前丽江的古城保存的资源来看，很多都是后期修复和重建的，因此单纯从古城资源来看，丽江的旅游资源并不突出。但是丽江的整体惬意的环境，吸引很多文艺、小资的人群，在客栈里喝着咖啡、看着书、听着流水的声音，惬意、休闲油然而生。这就是从全域旅游的角度对资源观的重新认识。

第四，全新的产业观。旅游的发展不是孤军奋战，而是在产业融合中共同发展着的，从 1+1=2 的问题，到 1+1>2 的问题。在融合的过程中，有些形成了产业之间的交叉，有些形成了产业之间的互相渗透，有些则通过产业之间的聚变反应创造形成了全新的产业。比如旅游与农业的交叉融合形成的观光农业，文化与旅游的渗透融合形成的主题文化酒店，旅游与食品饮料行业中的酿酒业的聚变融合形成的情感产业，旅游与航空的融合形成低成本廉价航空包机模式，邮轮传统业务的衰弱与旅游休闲的结合形成邮轮旅游新模式，地产与旅游的融合甚至公证部门与旅游的融合（拉斯维加斯）等。在全域旅游发展中，需要对旅游有全新的认识。其实，抓旅游就是抓经济、抓产业、抓经济结构调整；抓旅游就是抓文化、抓精神文明建设、抓可持续发展；抓旅游就是抓城市知名度、美誉度。

## 二、全域旅游落实的路径

第一，全要素。在旅游目的地发展过程中，一定要找到资源，而资源在某种意义上来说，就是旅游目的地发展过程当中的一个要素。但在全域旅游发展过程中，要素的范围需要进一步拓展，那就是全要素。在全域旅游中，全要素就意味着旅游目的地应该拓展旅游吸引物的范围，全面挖掘自然旅游资源、人文旅游资源和社会旅游资源，跳出景区看旅游，跳出旅游看旅游，跳出地方看旅游。只要对旅游者有吸引力，无论是物化的元素还是非物化的元素，都应该成为旅游发展的吸引物。

第二，全行业。在全域旅游的落实过程中，涉及全行业的问题。全行业，即旅游在整个产业结构中具有突出的地位，是未来产业发展的融合点、动力点与核心点。随着旅游目的地发展空间结构的调整，产业必将随之而调整，工业、商业、房地产、手工业等产业都可以打通与旅游业之间的关系，用旅游业来改造、提升这些产业的附加值，通过产业融合来推动这些产业与旅游业的共同发展。

在全域旅游中，其实发展旅游与发展工业并不矛盾。旅游和工业的整合或融合，其实也是打造品牌忠诚度的一个非常好的方式。比如像发展工业旅游，希望吸引人们到工业流水线参观，了解流水线的状况，工业产品质量是如何把关，生产过程如何监管到位等。通过工业旅游，人们建立起了对产品的信赖，在这种情况下建立起来的品牌忠诚，比单纯通过广告去宣传培养起来的品牌忠诚更可靠。这是全域旅游落实在全行业的一种表现。

第三，全过程。在全域旅游中，不可能保证空间环境中的所有景观都极具吸引力，从资源的分布过程中，不可能是遍在性的分布，一定是散落式的。那如何打造全域旅游？就需要你做到点串成线，线连成面。为了做到这一点就需要做到全过程。全过程就意味着需要消费者能够在不知不觉中完成旅游空间的位移。这就需要做到从游客进入目的地开始，一直到游客离开目的地，在这整个过程中，都能够给他提供旅游体验。无论是在旅游景区的游览观光，还是在目的地的文化休闲；无论是餐饮、住宿、娱乐，还是离开时带走的承载美好记忆的旅游纪念品，旅游体验无处不在；无论是在一个个具体的休闲旅游体验点，还是在从一个体验点到另一个体验点的途中，旅游体验无处不在。一方面，我们可以增加旅游行业外的其他要素，比如在旅游大巴上播放旅游宣传片和电影等；另一方面可以在空间做出节点的设计，比如像澳大利亚墨尔本的大洋路，大洋路大概200公里的海岸线，沿海岸线所修建的公路会搭建许多观景平台。同时，节点还可以是一路风景一路行、景观大道、沿途景点的挂靠搭车、景点宣传牌、沿途村落的整合等。

第四，全时空。全域旅游不仅仅涉及空间的问题，同时也会涉及时间的问题。在全时空的概念上可以分为以下几个层次。其一，关于淡旺季的问题。一方面从经济发展角度，旅游有淡旺季之分，因此旅游目的地都极力试图平衡淡旺季的差距，因此我们可以考虑新产品的开发，更多地利用资源。另一方面从自然更替的规律的角度来说，淡旺季的存在是具有客观性的，是内在的规律所要求的。因此其实旅游目的地在淡季的时候，也许并不需要把它变成旺季，而应该给自然资源留有让其自身可以自然更替的能力，进行休养生息，从而达到可持续发展。其二，关于白天和黑天的问题。一般的旅游行为都是在白天产生的，但是夜间的旅游资源价值如何挖掘却是应该考虑的问题。作为旅游目的地，一般夜间开发的旅游产品就是旅游演出，夜间表演要充分挖掘当地特色的娱乐表演方式。同时也要考虑当地居民传统的市井化娱乐形态的价值。因此全域旅游的落实需要做好全时空的工作，无论是淡季还是旺季，无论是白天还是夜晚，无论是目的地城市内还是城市外，都能够给游客提供满足其体验需求的产品和服务，让其满怀信心而来，带着十分满意而归。

第五，全方位。落实全域旅游，需要全方位做好文章，不仅要满足游客在"吃住行游购娱"方面的体验需求，同时还应该增加"文化、科教、资讯、环境、制度"等相关要素上的供给，从主题化、舞台化、场景化等多层次给游客提供旅游体验。以目前讨论非常热的厕所革命为例，厕所革命，并非单纯地增加厕所的数量，这样只能称之为"改良"。要革命，那就需要注入新的东西。厕所革命，一方面要让人们更加便利地找到厕所。比如与互联网结合，开发专门的APP，建立厕所引导系统。另一方面，厕所革命可以跟旅游发展结合起来。随着自驾车旅游、自行车骑行旅游的发展，人们对于厕所的需求随之增加。在厕所的设计上除了公共厕所的功能外，还可以考虑增加配套淋浴功能，满足骑行者的需求。

全域旅游发展过程中，还应当在资讯上多下功夫，做好历史文化与资讯之间的结合。应该开发基于历史文化的移动解说系统，需要在旅游休闲、解说服务、游览引导和现代技术结合方面做出创新，形成全方位的应用。

第六，全社会。在全域旅游落实的过程中，需要做到全社会落实。全社会落实就是需要吸引区内最广泛的居民参与到旅游业服务、经营中来，使得最广大的人民群众都能从参与旅游中获得各自的利益。同时也通过最广大人民群众的积极参与，提升目的地居民的好客度，全面满足游客的旅游体验，提高旅游体验的满意度。

第七，全部门。旅游目的地想要发展全域旅游，就需要对旅游目的地的各个行业、部门或者行政管理部门有一个新的认识。全域旅游发展要吸引各大部门积极参与到旅游开发、建设、管理中来，从而既推动旅游业的发展，同时也可以通过旅游业的发展来拓展本部门的价值。在全社会旅游方面，河南栾川就走出了自己的模式。"栾川模式"的核心精髓就是县域旅游。各级领导真抓实干，以人为本，全民参与。从2001年至今，全县与3500多家旅行社建立了长期合作关系，部门联动，实现了全员推介，当地百姓积极参与旅游发展，真正做到了人人都是导游员，人人都是宣传员。

第八，全游客。在以全域旅游的理念发展旅游的过程中，需要游客与居民之间的交融，即要体现"游客即居民，居民即游客""人人为旅游，旅游为人人"的理念。一方面，从本质上看，旅游只不过是一个相对短暂的时期内在异国他乡的居住生活而已，在这个相对短暂的时期内，游客就是这个旅游目的地的居民，只有真正将游客的身份融入居民的身份中去，游客在目的地的体验才能深入，游客在目的地的归属感才会强烈，游客在目的地的停留时间才能长久，游客才能真正意义上成为这个旅游目的地的回头客。另一方面，居民在为外来的旅游者提供良好的服务、创造良好的环境的同时，自己也身处其中，享受着良好旅游环境（包括人文环境、自然环境等）、休闲环境所带来的生活质量的改善、幸福感的提升。

# 第三讲
# 旅游产品：解说与体验

## 第一节 旅游产品的问题

### 一、旅游产品的特点

就旅游产品的特点、解说和体验的问题，这里希望给大家引出一些新的概念，或者以前我们可能曾经想到过，但没有一个确切的词来描述它的概念。旅游产品当中，需要关注旅游消费技术的概念。作为体验来说，是希望大家去了解除了我们已知的那个未有的世界，就是除了乌托邦之外，还有一个叫异托邦的。从旅游的角度来了解一下异托邦和体验之间的关系。

首先来看旅游产品，我们习惯会总结旅游产品一二三四几个特点，比如综合性、无形性、不可转移性，等等。但可能这里面还是会有一些问题。

举个简单的例子，旅游产品是具有不可储存性，同时它具有生产和消费的不可分割性。如果说一个东西，它的生产和消费是同时发生的，也意味着没有人消费的时候，这个产品是不生产的，只有有人消费的时候才生产。如果这种特点是存在的，生产和消费就是必须同时发生的、不可分割的，那么在一定意义上，就没有库存的概念。如果没有库存的概念，就无所谓不可储存性的问题。它们也没有库存，不可储存只是想储存它的时候没法储存，叫不可储存性。所以当我们分析问题的时候，就可能需要看看它内部之间的关联关系、逻辑关系是不是通的。如果不能解释通的时候，可能概括就有问题。

再比如说，旅游产品的不可转移性。当然这个不可转移性在某种意义上也是从服务的特性得来的。原来人们总结服务业、服务产品的特点，然后旅游是服务产品、服务业的一种，所以认为旅游也有这个特点。但我们把这些服务产品的特点借用到旅游产品当中的时候，没有去关注，现在再去看旅游产品特点的时候，有些特点已经发生变化了。比如不可转移性，大家一到过年的时候，就会看到媒体上饭店做广告预订年夜饭。如果习惯上从传统的角度来说，酒店作为餐饮部门、作为一个旅游产品的构成部分，具有不可转移性，消费者必须到餐厅去吃饭，所以大家到酒店去订年夜饭。但是同时，除了消费者到酒店去吃饭之外，现在还有请酒店的厨师到家里去做饭。就像到理发店理发，同时理发师也是可以上门做理发服务的。这些都是服务，传统上我们认为是不可转移的，消费者要想做这些，必须到理发店去，必须跑到酒店去。但是现在已经发生变化了，服务产品的变化不是简单地在一个城市里面，这个空间变得可以转移了。这个转移甚至可以是国别的转移。软件的生产本身也是一种服务业，但是软件生产在美国的程序员和在印度的程序员、在中国的程序员之间可以连轴转的。软件这个产品的生产在空间上是可以转移的。也就是说，实际上在服务产品当中，有硬约束和软约束的问题，原来我们关注的是硬约束的问题，确实没办法转移，A生产必须依赖于B这个元素。但现在已经发生变化了，我们再继续关注旅游产品特点的不可转移性的时候，应该去关注一下新的变化。这是第一个大家需要去关注的，就是本身内部知识自洽性的问题。

## 二、旅游产品的定义

第二个需要去关注的，是消费技术的问题。教科书习惯上所讲的旅游产品的定义，一个是从供给的角度，也就是从旅游目的地的角度出发，旅游产品是旅游经营者凭借交通、吸引物、其他的一些设施，向旅游者提供用来满足他们旅游活动需求的全部的服务。另外一个，从需求角度来说，是旅游者付了钱、花费了时间，最后换取了一种经历。但这里面有一些问题。比如出去旅游一次，那就是旅游一次的经历，很多的目的地，有很多目的地的经历。或者从一个整体产品来说，就是这次出行整个行程是一个经历。从这两个概念出发我们可以再深入思考。第一个概念讲，从供给角度来说，"旅游产品是服务"，当然这个服务需要借助什么，我们把概念中间的内容抽取掉，那旅游产品就是一个服务。第二个概念也是一样,简化后即"旅游产品就是经历"。如果从直观上去看,旅游产品是服务、旅游产品是经历,而经历和服务是不能够直接画等号的。也就是说别人卖给你的和你要买的这个东西,从直观上来说,不是同一个东西。这个在咱们日常生活当中、在交易的过程中是不会出现这种情况的。比如到商场去买一部手机,服务人员不会给你一瓶矿泉水,否则这个交易是没法达成的。但问题是,从旅游产品概念表面上看上去,好像卖的和买的东西不是一个东西,但旅游交易还非常活跃,而且旅游产业的交易规模还非常庞大。如果按之前提到的,交易都没法实施的话,这个交易的规模应该是0,这个产业应该是不存在的。但是现在我们看到各种媒体又在报道旅游产业是全球最大的产业,甚至超过石油产业、汽车产业、房地产产业,那为什么表面上看起来没法交易的一个东西,这个行业会有这么大交易量?

### 三、旅游者的二重性

要回答上面的问题就需要考虑到,在旅游经营过程当中或者经济运转的过程中人的角色扮演的问题。出去旅游的时候,实际上人是一个非常特殊的消费个体。习惯上讲,我要生产一个东西,我卖给你,是很明确的,我是生产者,你是消费者。所以我卖东西,你拿去消费。但是在旅游生产的过程当中,旅游生产者所提供的这个服务给了消费者之后,消费者不是直接用来消费的,而是需要先进行加工。加工完了之后,再来进行消费。也就是说,实际上旅游者不是简单的消费者,同时还是生产者。所有的旅游企业、旅游目的地所提供的,并不是消费者所要消费的最终的产品,而是需要通过消费者自己的努力、加工之后,才变为最终要消费的产品。在这里面就会涉及加工技术、加工能力的问题。因为我们习惯把旅游者看成消费者,所以可以把加工技术、加工能力称为消费技术和消费能力。旅游者具有二重性这种现象在现实的旅游研究中很少有人去讨论这个问题,但是如果大家去关注生物学当中一些现象的话,就会发现雌雄同株现象的存在。在某种意义上来说,旅游者也是一种"雌雄同株"的存在。也正是因为这样,旅游企业或旅游目的地,虽然提供的服务或者卖的东西是同一个,但最后所获得不同人的评价是不一样的。同一个产品,最后得到的评价是不一样的,就是因为旅游者的这个二重性特点。

## 四、二重性的意义

比如我们去买西瓜的时候，但实际上我们显然不是简单买西瓜。如果掏钱就是买西瓜，他那西瓜就在那儿卖，直接给钱随便抱一个西瓜走就可以了。但我们无论会不会挑人们总是会挑挑拣拣，挑西瓜是为了判断这个西瓜熟不熟、沙不沙、里面含的水分怎么样、里面含的糖分、各种维生素，等等。人们买西瓜买的是这些东西，西瓜其实只是一个外形。花钱去长城游也是一样，买的也是一个外形。我们不是真的要消费长城的这个外形、这块砖，而是去了解长城是什么样的，历史上怎么修建起来的，花多少人力，还有孟姜女哭长城之类的故事，我们实际上要买的是这些东西。当然这些东西并不是所有的人都有的，秦始皇那时候的知识，长城建造的历史，不是所有人都有这个知识的。如果消费者有这个知识，加工完之后形成的对长城的认识，和没有这些知识、没法进行加工就评价长城，结果显然是不一样的。

之所以同样的东西最后的评价结果会不一样，是因为在这里面有一个中间环节被抽取掉了，或者说我们把旅游者所扮演的角色忽略掉了。在这里面，旅游者既是消费者又是生产者这个转换器被忽略掉了。旅游目的地或企业要想让旅游者获得一个好的旅游体验，就需要在提供旅游产品过程中重新把这个环节加上去，就是需要帮助旅游者、帮助那些到这个旅游目的地之前不具有这种消费技术、消费能力的人，在到达这个地方之后、来消费这个产品的时候，帮助他们来提高消费技术。只有这样，好的东西才能够获得好的评价，才能获得好的口碑，才能有口头传播效应，才能形成持续吸引消费者的机制，或者机制才能够体现出来。

## 五、消费技术的重要性

### （一）不可转移性

当然，消费技术的重要性，不仅是要完成旅游产品供给到旅游产品消费转变的时候，需要这么一个中间转换器，更需要大家关注的是，因为旅游有这样一些特点，使得这个转换器的迫切性会受到一些因素的限制。比如旅游交易是使用权的转移，购买旅游产品的时候，所有权是没办法转移的。正是因为如此，就必须在规定的时间内获得消费的技术。这就使得旅游者要在购买旅游产品的有限消费时间内，把这个消费技术掌握好运用好，然后才能获得一个好的消费效果。

### （二）消费时限性

消费的时间限制性就是指，游客没有办法自主控制、安排和延长消费旅游产品的时间。比如只能在景区的营业时间内进行消费，过了这个时间，消费者就没法使用。

### （三）事后补救差

旅游消费是很难进行事后补偿的。如果说产品或服务有缺陷、有遗憾，那么就是留下缺陷、留下遗憾了。如果下一次消费没有遗憾了，觉得很好，那已经是下一次消费、下一次体验的问题了。

### （四）消费技术受制于旅游者自身因素

消费技术必须在很短的时间内、在规定的时间内掌握和运用。消费技术不仅跟旅游目的地有关系，要通过旅游目的地来帮旅游者提高，也跟旅游者自己有密切的关系。比如每个旅游者都是不一样的，每个旅游者的消费技术也是不一样的。消费者不一样，消费技术不一样，是由于这么几个方面。第一，每个消费者个性特征可能不一样，比如根据外向和内向这种最简单的个性特征分类，我们会发现，消费者在这两个层次上对消费技术的影响。举个简单例子，假设有一个学生，很外向，他碰到不懂的问题，就会把信息从内向外表达出来。但内向的学生就不好意思问，不愿意把自己的想法跟别人分享，那也就没有可能进一步去了解这个问题。旅游也是一样，有信息的输入就会有消费技术的提高。外向的游客主动求问，就会有更深了解；内向的游客不好意思问，那不懂的就依然是不懂。所以很简单的个性特征，内向和外向可能会对消费技术产生影响、会对消费结构产生影响。

第二，从社会阶层来说，每个消费者都可能是属于不同社会阶层的人。当然社会阶层可以从收入上划分，可以从职业上划分，也可以从受教育程度划分，划分的方式有很多。在众多的划分的方式当中，受教育程度是一个比较基础的、大家比较公认的划分社会阶层的标准。受教育程度不一样，可能所选的职业不一样，所选的职业不一样，可能会影响到后面的收入不一样。受教育程度不一样，显然人们的知识不一样，那也可能在欣赏一个东西的时候，综合的素质不一样。这些知识也好，综合素质也好，就是转换器当中的消费技术。

第三，生活方式。上班族会在闲暇时间去旅游，典型的情况是利用工作之余去的，这是一种类型的旅游。现实中，还有一部分人可能工作半年，挣够了钱，就去玩了，挣的钱花完了，又回来工作了。或者工作一年，玩一年，然后再工作。这也是一种生活方式。这类人旅游多了，积累多了，感悟多了，旅游回来之后写书，卖了书之后，再去旅游，再回来写书，再卖书，这也是一种生活方式。当一个人把旅游只是作为生活中的一个补充，和旅游就相当于生命、是一种生活方式的时候，这两种情况对旅游技术的积累是不一样的，对旅游技术提升上的投入也是不一样的，最后表现的消费效果可能也不一样。

第四，跟旅游阅历、文化背景也有关系。不同文化背景的人的消费习惯是不一样的。比如中国的消费者和欧美的消费者，身处不同的文化背景之中，对提升消费技术的重视程度可能不一样。一个中国的消费者，去看故宫、长城、兵马俑的时候，和一个欧美文化背景的消费者来看这些吸引物的时候，是不一样的。有研究西安欧美游客市场的报告指出，秦始皇兵马俑所处的王朝和西方人意识观念的冲突可能是影响这部分市场增长的因素。不同的文化背景下来理解一个吸引物的时候，会涉及消费技术，甚至涉及不同民族之间差异的问题。每个人所处的环境对个人成长的影响，客观上是存在的。比如一个欧美的游客对拥挤的忍耐程度和中国游客或日本游客会表现出截然不同的态度。中国很多知名景区很拥挤，欧美游客可能觉得不习惯，但日本游客可能觉得很正常。对于拥挤的忍耐程度跟消费者自身所处的日常环境很有关系。当然之所以要重视消费技术，是因为人们去消费的时候，不是消费吸引物本身，而是要消费在吸引物背后的一些信息和内容，包括附加在吸引物上的服务，以及蕴含的知识、审美和哲学理念等。

### （五）传统上由谁来提高游客的消费技术

第一，在整个传统旅游经济运行的过程中，导游帮助消费者提高消费技术。虽然现在社会上对导游有各种各样负面的评价，但导游作为一种社会角色，在旅游经济运行的过程中绝对不是可有可无的，而是非常重要的一个角色。即便现在是散客化、自由行的时代，导游同样非常重要。从人文景点里自由行散客去"蹭听"这种现象就能够看出来导游的重要性。如果到自然景观景区中去游览，山美水美，看完就完了，自由行没有关系。但是如果到人文景区景点去的时候，只看是没用的，要想有所收获就需要有人跟你讲。如果不跟团就得去蹭听团队导游的讲解，这就说明了导游很重要。

当然并不是所有的导游都很重要，只有那些好的导游才是好的旅游体验所需要的。糟糕的导游可能会因为自己不喜欢或自己利益得不到保证而给某些景区景点"泼脏水"，也可能会因为自身所拥有的景区景点知识不足甚至错误而把旅游者引入歧途。如果碰到好的导游，是非常幸运的；碰到糟糕的导游，可能比较麻烦，没法获得该有的旅游体验。但如果连导游也没有了，这就更麻烦了，这个角色就需要由别人或者另外一种方式来代替才行。不是由人来代替，就是由机器来代替，由建设相应的解说系统来代替。中国本身的文化遗存太丰富了，在旅游发展过程中，太需要解说系统了。

当然，解说系统是要把旅游者培养成方便面式的专家，不是把旅游者培养成一个真正的专家。比如说，旅游者到兵马俑来之前，对兵马俑的知识处于一种饥饿的状态，目的地或景区所需要给的就是给一包方便面，让他开水冲上两三分钟就可以吃，吃完就感觉不饿了。这是一个形象化的比喻。因此，目的地或景区要办类似一个速成班，把游客"培养"成一个速成专家，最简单的、最快捷的方便面式的专家。

因此，各个旅游目的地非常重视跟旅游入口密切相关的节点的解说系统、游客中心的建设。比如图3-1，这是在卢塞恩火车站拐角就可以看到的一个标志。这个标志告诉游客，你想了解卢塞恩有关的旅游信息，可以找它。这就是国内的游客中心，或者游客咨询中心。

图3-1 瑞士某旅游咨询中心标志

在国外游客咨询中心，很多信息资料基本上都是免费的。当然，有的中心本身也需要靠自身能力维持自身运转达到自我发展，不能所有的东西都靠政府来补贴，所以说也会卖一些东西。比如，图 3-2 中的这个小小的咨询中心里面就卖有瑞士特色的纪念品、国旗、标志，等等。基本上都有一两个人坐在柜台上接待咨询，大家排队来问问题，咨询完了或者排队的时候可以看看这些东西，顺便买个旅游纪念品。卖出旅游纪念品，游客咨询中心就会有相应的收入。

图 3-2 英国某旅游咨询中心内部（张凌云摄）

第二个问题，在提供解说的过程中，需要尽量多语言的解说。比如图 3-3 就是英国的观光巴士站，画了很多国旗，说明坐这样的观光巴士可以享受到这些语言的解说服务。

在很多地方，坐观光巴士的时候，基本上都是可以在多种语言中选的，以满足多种客源的需要。

第三个比较有意思的问题是，通过什么样的方式来展现旅游吸引物也是解说中的一个组成部分。比如英国的巨石阵是一个非常著名的景点，跟史前文明有关系。如果从传统思路来看，应该从主干道上修一条路走进来。当然从园林的规划理念看，也可用曲径通幽的方式修建。不过，如果在文物保护前提下，

图 3-3 英国某观光巴士站牌（张凌云摄）

从很远的地方通过挖地道挖过去，地道出口就在这个巨石阵中间，这种方式和从很远地方直接修一条路进来，效果肯定是很不一样的。从很远的地方看这个景观，慢慢接近，对这个景观所产生的震撼感觉和从地下钻上来突然呈现出来，是很不一样的。因为人其实还是很渺小的，钻上来所产生的震撼感会很不同。尽管不是通过文字的方式来表述，也不是他人描述的，而是通过道路修建的方式。这个可能也需要把它列入解说方式的组成部分中来。解说系统不只是语言、文字，类似道路设计一类的这种无声的形式所能产生的效果也会非常棒。会有一些文字的解说，当然我们不排除文字的解说配上图的形式。古罗马废墟上，可以看到有个牌子描述古罗马废墟是什么时候开始建设的，什么时候毁掉了，这里面有哪些主要的景观。在这个解说牌简易全景图上，会告诉游客，从这个视角上哪个点是什么景观，方便把看到的文字和实际的场景对应起来。有图、有文字的解说牌比只有文字的解说牌要好很多。

第四，电子解说除了能够帮助消费者提高消费技术之外，还可以有其他的功能。比如图3-4是吉隆坡的双塔，在吉隆坡双塔对面的马来西亚的国家电视塔上，有好多个窗口可以看到吉隆坡的整个市容市貌。在国家电视塔上面如果没有解说系统，它就很难近乎全流量地监测和了解到国家电视塔上来看市容市貌的都是哪些国家的人。

国家电视塔上面有10多个窗口可以看到不同的市容市貌，可以有不同的解说，从理论上也可以去了解游客实际听解说的情况。比如希望游客能够听5分钟的时间，但实际上他只听了1分钟不到就走了。这种情况下，如果说没有这套解说系统，没有这套电子导游设施，就不知道每个游客在每个窗口停留多少时间。但有了这套系统，就可以从后台计算处理的角度算出旅游者从1号窗口到2号窗口的时间。来自不同国家的这些游客，他

图3-4　吉隆坡城市风貌

们在不同的窗口停留的时间是多少？停留的实际时间跟预期的停留时间是不是一致？如果不一致问题出在哪里？是解说语言逻辑组织有问题还是知识层次安排前面太专业了，应该把后面更大众的解说内容往前调？或者还是时间、内容、次序的安排上需要调整？有了这个解说系统，就会促使我们去思考这样的问题。

当然，电子解说同时还可以起到引导游客的作用。旅游团的人都得跟着导游走，如果不跟着导游就听不到解说词。但是如果解说完全可以自我控制的话，那就可以先看1号窗口，再到2号窗口；也可以先到12号窗口，从12号窗口倒着来；也可以中间选任何一个窗口开始游览；如果某个地方人太多，那可以找人少的地方先开始。通过市场的分散决策，拥挤的程度也可以得到缓解。这些都是基于旅游消费技术，然后延伸到解说系统，再进一步延伸到旅游景点、旅游目的地应该怎么做等问题。

图3-5是卢浮宫西班牙语、日语、中文、俄语的导游图。卢浮宫广场有3个玻璃顶的建筑，其中一个顶下面就是椭圆形的游客中心，大概半边是由人提供服务的，半边就放了这些可以免费索取的资料。如果能够告诉旅游者解说时间的长短也很好，这样就能让大家去选择究竟需要听多长时间的解说。这个也涉及解说系统的建设细节。

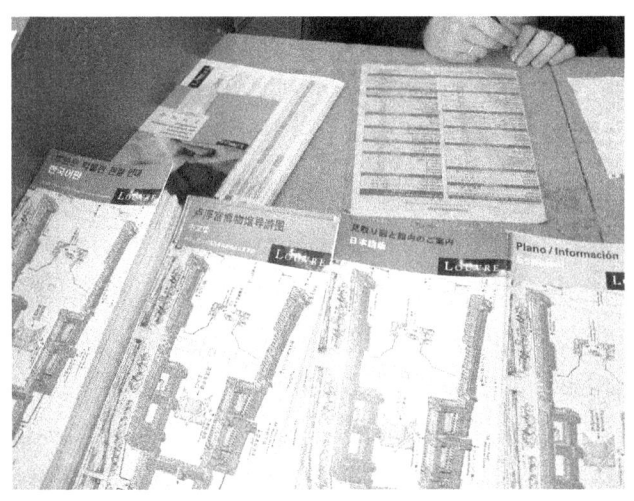

图3-5　卢浮宫导游图等资料

如果要把从现实观察中延伸出来的这个知识放到哲学层面思考，其实有很多很有意思的说法。比如著名的哲学家维特根斯坦，他讲了一句话，这句话跟消费技术有非常密切的关系。人们常说，世界并不缺乏美，而是缺乏发现美的眼睛。维特根斯坦则说，如果一个不习惯在森林里面寻找花朵、浆果和植物的人，是不可能找到它们的。因为他们的眼睛没有受过发现它们的训练，而且他们也不知道必须在什么地方专心致志地进行搜索。在旅游中也是一样。旅游中有很多美的地方，但是如果不知道应该在哪个地方去发现美，那就发现不了它。别人告诉你这个地方很美，你却不知道应该怎么专心致志地去搜索跟这个美有关联的信息，你也没法发现它的美。现实观察和哲学上的这些思考，都是支持旅游解说系统建设的。当然，如果考虑到某些旅游目的地有很多地方性的知识，也就是那些在书本上学不到，是由当地人口口相传传递下来的知识。如果这些知识对于旅游体验真的很重要，那可以通过吸引更多当地人参与到解说系统的完善来提高当地的就业水平，作为当地居民一个谋生就业的手段。

> **例：黄鹤楼的文化内涵**
> - 楼阁选址观：登山临水以显山水意识
> - 时空观：登高望远以抒空间之博大与时间之亘古
> - 审美观：以一统万、以小见大、与自然合一
> - 木结构为中国人务实求本、扎根大地、注重整体和谐的一种表象

## 六、解说的重要知识

解说系统要做好，一定要注意虽然解说具有教育的功能，但并不是简单的说教。现在很多游客到旅游目的地去旅游，一般晚上都会去看一些旅游演艺，比如说宋城千古情、印象西湖等。对于旅游演艺有人评价说，哪些哪些节目做得不好，没有什么文化内涵，觉得这类节目对于人们了解这个地方的文化传承、文化知识，没有信息上的供给。当然，希望通过旅游演艺的方式给消费者传递文化的信息这种想法是好的。但一定要想清楚，这种想法在现实当中是否具有足够的可行性，有多少旅游者来看旅游演艺是希望有文化上的灌输，又有多少消费者到这个地方来旅游主要是为了娱乐。

旅游演艺不等同于主旋律的表演。主旋律一定要有价值观的深度体现，要

包含足够的价值观的信息。旅游演艺则首先是娱乐的目的。就像解说一样，需要有知识上的传递、需要有教育的功能，但首先应该是娱乐的，要以娱乐的方式来传递这些信息，让消费者很轻松地接受娱乐作品中的文化信息。能达到这点，当然最好。如果希望通过演艺的方式来强行传递这些信息，往往是不现实的，可能得到的结果跟预期会有很大的差异。要认识到，解说一定要有信息的交流，一定要让消费者获得愉悦感，解说是服务教育和愉悦、娱乐的综合，或者是一个娱乐性的教育事业。

为了让解说能够有更好的效果，就需要激发游客的智慧，也就是在解说中需要吸引消费者的参与。如果解说只是你说游客听，那与你说一部分，也让游客说一部分相比，所取得的效果后者可能会比较好。这种现象在广告领域也存在。比如，看电视广告的时候会发现，同一产品的同一广告在单位时间价格比较低的时段放的广告和在新闻联播之前的黄金时段播放的广告的信息含量是不一样的。平常播的可以是这个广告的完全版，而在新闻联播之前播放的往往是压缩版。但是在放压缩版的时候，并不会影响人们对这个压缩版广告的理解，反而会促使人们联想这个广告里有哪些信息是在这则广告里面没有的。在广告当中，就是需要充分地利用消费者、利用观众通过自己的努力来弥补缺失性信息的意愿。这种主动性可以让消费者更多地参与到广告当中去，从而提升广告效果。广告放了，人们就随便看一眼，那这就只是一个广告。如果看广告的时候会想，这个广告还缺失了什么样的信息，那广告对消费者的影响就容易产生。解说也是一样，如果能够激发消费者的智慧、游客的智慧，那就很好。

激发游客的智慧需要考虑到不同受众的问题。比如中国有很多喀斯特溶洞，游客到溶洞里去，导游说这个像猪八戒，这个像孙悟空，那个像唐僧，这能够适应一部分人的需要。游客去找导游说的这个轮廓，这当然也是一种参与。不过，这种参与要考虑到不同目标人群的差异。如果是一些知识储备不是那么丰富的人群，这种解说方法尚可。有地理、地质这方面专业知识的人对这类解说就没什么兴趣了。所以解说内容一定要有针对性。除了有欢快的气氛让游客能够参与进来，也还需要有针对性的内容。这些内容要便于游客理解也适合他的需求，即解说的内部需要组织、需要有逻辑关系、需要有中心主题。

比如图3-6这尊在大英博物馆里面的雕像。据说其解说的内容既可以满足一般游客需要，也可以满足专业人员的需要。能满足专业的需要，说明这个解说应该是很有深度的。这个很有深度的内容如果组织逻辑性不好，一下就是很专业的知识的话，普通的消费者、普通的游客一听太难懂就走了，那就起不了作用。如何来安排、组织解说，比如由易到难、由大众到专业，这个安排就是一个逻辑性问题。除了能帮助消费者之外，解说系统也可以帮助旅游管理者。比如，拥挤的状态可能由于解说系统的存在而得到缓解。也正是由于解说系统的存在，人们可能更容易理解管理者为什么有这样那样的各种规范，比较容易理解管理者的初衷，因此也就比较容易配合管理者的一些管理行为，整个旅游秩序就会比较好一些。有研究发现，并不存在受教育程度高的人就比较配合管理、遵守制度，这两者之间没有必然的联系。无论是受教育程度低也好，受教育程度高也好，都需要通过解说系统来引导他们与目的地、景区管理当局配合。

这就是经常说的，在旅游发展的过程中，需要有员工的管理，同时还需要有游客的管理；需要有对内的管理，也需要有对外的管理。而且对外的管理，一定不是简单的、生硬的要求和约束，而是要通过优化解说系统的方式，求得游客的认同、理解，这样管理起来就比较容易、有效。

图 3-6　大英博物馆展品（张凌云摄）

## 七、解说的受众分类

解说效果的优劣与解说的受众密切相关。解说受众也可以分成不同的类型。有些是解说设施的主动使用者，有些是跟随使用者，有些则是想使用而未得者，还有些是受境况所限而放弃使用者。

为了让不同类型的解说受众都有想获取这个解说的动力，一定要考虑到解说本身的"包装"。由不同的人来做解说，解说内容的传播效果是不一样的。比如说故宫的自动讲解器有不同的版本。王刚讲解的版本可能更适合年长者，因为他们对王刚比较熟悉一些，效果会好些。但如果对小朋友也用这个版本去解说的话，效果可能就会不一样。在信息传播的过程中，刺激物、信息内容本身、传播信息的媒介这三个要素都会影响到信息传播的效果。因为明星在大众当中有号召力，大家觉得明星讲的东西是可信的；或者人们因为喜欢这个明星而喜欢这个明星所推广的东西，所以明星可以拉近距离、促进销售，促进广告信息被受众所接受和理解。解说也是一样的道理。因此解说需要考虑到不同的方式，以增加产品在市场当中的影响力和号召力。大家现在平时用的高德地图免费电子导航都可以选不同的语言甚至方言。也是希望大家接受它所提供的服务和信息。

还有一些方式可以引导大家去接受园方的管理。比如让大家把垃圾扔到垃圾桶里面去。传统上可能就是摆一个垃圾桶在那儿供大家丢垃圾。如果不锈钢垃圾桶稍微改造，像图3-7那样。写这样一句话和不写这样的话，产生的效果可能是不一样的。当然这些话对那些年长者来说和年轻人来说，影响也是不一样的，年轻人可能比较喜欢。这是以年轻人为主要目标市场的一个江西省内景区。

图 3-7　江西某景区的垃圾桶上的文字

## 八、解说的主要类型

解说类型当然有各种各样，有口头的，有广告媒体的，有景区里面游客中心的，有解说手册的，等等。这里面还有一种是可以移动的解说。比如旅游演艺。旅游目的地有淡旺季，一旦到了淡季的时候，旅游演艺就结束了，尤其这个演艺如果是室外演出的话，在北方的冬天就演不了。但训练不能不继续，否则的话，到了旺季的时候，演艺水准就可能下降。所以，没有旅游者来看、又没有办法上台去表演，如果可以走出目的地去做表演，或许也是一个不错的选择。这其实就是驻场的演出和巡回的演出的问题。除非过度依赖实景布景，那些相对尺度比较小的借助于人文景观来展示的演艺，有很多是完全可以移动的。到淡季的时候，这些演艺可以到别的地方去演出，在某种意义上这也就意味着，在客源地帮助这个旅游目的地做营销推广，让大家没到旅游景区、旅游目的地之前，通过这个文化演出了解到旅游目的地一些信息，其实也是一种解说。这样的话，可以让演艺队伍延续下去，还可以有额外的收入。

作为解说系统的重要组成部分，我国游客中心做得好的不多。现在有很多地方愿意花时间、花精力去做游客中心，但如果把大量的精力投入到实体的游客中心的建设上，可能又走错了路，因为现在人们使用的移动智能终端越来越多了。游客中心应该建，因为还有很多人不会使用智能手机，不会用 APP，尤其是有一些老年人不怎么使用智能手机。不过，实体的游客中心可能不是中国未来建设的方向。即便从传统模式看，我们的游客中心也还有很长的路要走。在游客中心的内容供给、功能设计、标识使用等方面都有待完善，在"有没有"到"好不好"方面还需转变。

图 3-8　悉尼达令港的游客问询中心

游客中心如果设计得好，本身就会成为大家愿意去欣赏的一个景观。比如图 3-9 的台湾日月潭向山游客中心。这个在旅游目的地解说系统建设的过程中考虑的还比较少。

图 3-9　日月潭游客中心

再比如说解说牌上中英文对照有没有错误，解说牌本身有没有残缺，解说牌载明的信息充分不充分，如此等等。图 3-10 的解说引导牌不仅告诉你从一个地方到另外一个地方怎么去，在标识方向之外还有距离。

图 3-10　黄山旅游导引信息牌

也有些解说系统建设的出发点是好的，比如图 3-11，它希望把关于这个地方介绍的解说牌做成竹简，但是由于背景色和字体颜色反差不够，上面的字就不容易看清楚。同样地，用一个铜牌写黑字，应该就比较容易看清楚。但是白天太阳很刺眼的时候，铜牌反光，字也是不容易看清的。解说牌能不能跟环境相融合是一个方面，但解说首先需要有人看，因此要考虑到在不同的情境下来看这个解说牌的效果的问题。

图 3-11　某景点解说牌

据说有一个湖，其最大的卖点就是阅读，人们愿意到湖边去看书。做设计的时候，就会考虑到在任何时候，到这个湖边去躺在设计好的设施上看书的时候，都不会因为太阳的原因让你阅读起来不舒服。这就是用不用心设计的问题。

图 3-12 是庐山上老别墅景区的解说引导牌，它包括材质、色彩的选择，都很符合景区空间的特色。

图 3-12　庐山老别墅景区引导牌

比如在波士顿，专门用红砖把 16 个景点全部连起来，旅游者只要沿着红砖砌成的路去走，那么每个景点都不会落掉。

> **案例：因凡·高而沸腾的古镇——法国阿尔**
> - 凡是被凡·高那致命的色彩真正吸引过的人，都应该知道阿尔这个"明亮"的城镇。这是法国南部的一个古镇，有 2000 多年的历史，凡·高就是在这里度过他一生中最辉煌的日子的。他诸多杰作中感觉最具震撼力的《星夜》就是在此创作的。《阿尔的吊桥》《阿尔的夜间露天咖啡馆》等作品都描绘了当时阿尔的生活。在阿尔，天天都是艺术家的节日，从古至今，这里从未停止吸引来自各地的艺术家。
> - 为了突出阿尔的这种独一无二的个性，阿尔的街道上专门设计了黄、绿、蓝三种颜色指引前来旅游的游客。其中，黄色就是专门为了纪念这位伟大的天才画家而设计的，循着黄色的标志人们便可以找到梵·高笔下的咖啡馆和他曾经居住过的"黄房子"。另外，为了让游客易于辨别不同年代的建筑，他们设计绿色来指引中世纪建筑的所在，蓝色来指引罗马时期的建筑。

# 第二节　文化旅游产品问题

在讲中国旅游产品的时候、旅游体验、旅游解说系统建设时，可能少不了文化旅游的问题。因为中国有悠久的历史文化，所以可能有这么几个方面的问题，大家可以去关注。

## 一、什么是文化旅游

### （一）第一种理解：趋向各种形态的文化景观的旅行

对文化旅游的理解不同，可能对一个旅游目的地在发展或者在文化旅游开发方面会产生一些不同的影响。对于文化旅游可以有两个层面的理解。第一个层面或者第一个文化旅游的层次，是指人们到各种文化形态、文化景观所在地的旅行。对于一个旅游者来说，旅游目的地本身是具有文化的一个空间，文化形态可以有多种多样。因此，所谓的文化旅游强调的是一个行为，突出的是文化因素对旅游消费的影响，主要突出了在文化景观的空间区域内的消费行为。在这样一个环境当中或者采取这样一种旅游行为的时候，作为发出这个行为的主体来说，强调的是行为上、移动空间区域上的消费行为特征。旅游者去具有文化景观的、具有文化特征的旅游目的地旅游，就是文化旅游。这是一个相对来说比较初级层次的文化旅游。

**（二）第二种理解：基于文化追求和文化体验的旅行**

当人们去旅行的时候，还可能希望这次旅行能够在文化上有所收获。这种基于文化追求和文化体验的旅行跟前面强调行为的文化旅游就不一样。这时候它强调的是结果，突出的是旅游对目的地文化传播和交流的影响。这种状况和前面的第一种状况相比较，更多的是在文化上需要有收获。因此，从旅游目的地角度看，一定要在经营过程或者管理的过程中，注重并做好这种文化信息的传递，需要把旅游目的地或者跟旅游目的地、旅游景观相关的文化的信息变成旅游者的收获。这时候，旅游解说就会起到更加重要的作用。

以上两种看法，一个从结果上来看，一个从行为上来看，这两个层面上对文化旅游的不同理解，对旅游目的地的发展来说，它所产生的影响不太一样。

## 二、文化与旅游的关系

**（一）文化是旅游的灵魂，旅游是文化的载体**

谈到文化与旅游的关系，多数人的看法是，文化是旅游的灵魂，旅游是文化的载体。不过，对两者的关系还需要结合现实的旅游经济运行进行思考。在很多时候文化确实是旅游的灵魂，但要考虑到并不是所有的旅游者到旅游目的地来都强调在文化上有收获的。因此，一定要清楚地认识到，在旅游发展的过程中，有很多时候文化不简单是内在，文化也需要外化。是让更多人能够司空见惯也好，或者让人简单地能够感受到也好，只有把它外化出来，才有被消费、被接收、被传播的可能。当然，也正是因为这样，有很多时候，人们去消费所谓的文化，所消费的其实只是文化的一些表象。

比如说去看旅游目的地文化主题的一些演艺。演艺本身是有文化内涵的，是有文化的内容在里面的，但实际上有很多人去看的时候，不完全是看这个演出背后的文化，或者其实看不明白。比如旅游者到一个地方去旅游，在吃这个环节会涉及当地饮食的文化，但旅游者关注的多少是饮食文化本身，又有多少是饮食文化在具体饮食消费环节的展现。一个餐厅有很多装饰是跟饮食文化有关的，旅游者去消费的时候，可能会觉得这个环境挺好，但可能未必关注餐饮背后具体的文化元素，也就是可能看的只是饮食文化的外在的表现。从这个角度看，外国人到中国来，虽然文化的差异性是吸引观光旅游非常重要的原因所在，但如何让外国人到中国来，不仅看热闹而且看出门道，是我国花大力气发展入境旅游时需要关注到的。

### （二）文化环境是旅游的基础条件

在某种意义上来说，文化是跟环境有关的。不只是写在书上的才是文化，文化既可以物化到建筑上、文物上，对普通的旅游者来说，也可以是跟当地的居民交流或者观察当地居民生活行为时的言谈举止、生活态度、生活方式、文化取向，等等。这些方面对旅游者的感触可能影响更大。比如到北京的胡同里面去转，胡同里面有王府，有各种各样的文化遗存，这些当然会构成旅游者欣赏的一个对象。但有些时候，旅游者可能就是在这个胡同里看到一个老大爷，夏天光着膀子，一碟花生豆、一壶小酒，很休闲的那种生活状态，当地的这种世俗市井文化对旅游者的冲击甚至比去看那些王府所内含的文化可能还来得大。因此，旅游者需要看的不仅是物化意义上的文化，还包括文化的环境，尤其是在整个日常生活中洋溢出来的文化环境。

为此，我们需要把居民看成当地旅游发展重要的吸引物要素。也就意味着需要重视旅游目的地每个居民身上所展现出来的、所散发出来的文化的力量，每个人都可能会成为这个旅游目的地的吸引力来源。因为人们开始比较喜欢去一些景观之外的空间去欣赏、游玩和体验。在旅游的过程中，喜欢跟当地人有更多的交流，或者跟当地人有更多的接触，而接触所体现出来的就是当地文化。

### （三）文化交流是旅游的重要功能

在旅游的过程中会有很多文化的交流。通过文化的交流来达成文化上的理解，通过理解来减少文化上的冲突、国与国之间政治上的冲突。联合国世界旅游组织历年世界旅游日的口号，有很多都涉及和平、理解的话题。在不同的文明之间、不同的文化之间，如何达成更多的相互的包容、相互的理解，可能跟让这个世界能够有更和平的世界发展环境是有密切的关系。

### 三、文化旅游发展中的问题

文化旅游发展过程中，一些比较突出的问题。

（一）展示的多，体验的少

就是拿出来展示在那里让大家去看的比较多，被动的欣赏和观看的比较多，但旅游者主动地参与进去，并且能够有内在的醒悟，有感悟，相对会比较少一些。

从文化旅游角度来说，大家一定会想到博物馆。博物馆应该是文化信息最浓缩的一个空间，但是实际上一直以来国内这些博物馆，除了看之外，很少有博物馆还可以动手去参与的。即便去看博物馆的时候，旅游者可能也只是非常粗略地看。举个简单的例子，在一个博物馆里面，假设是一个玉文化的博物馆，有很多玉器的展示，也有文字标识在那里，但可能没有配很好的、可以移动的放大镜。如果这个放大镜是可以移动的，即便是一个小小的细节，都可能会对旅游者游览博物馆的体验效果产生很大的影响。

再比如，中国有很多很好的建筑，斗拱技术很值得去了解，可是多数情况下，其实也只是让旅游者去看，只有为数不多的博物馆可以让大家动手去组装斗拱，拆卸斗拱，去感受斗拱建筑这个艺术的精妙。这些其实做起来都应该不难，但去做的比较少。

再比如像故宫这样的地方，文化内涵很丰富，大家去看的时候，能够看到故宫多少的文化元素？以前花五六十元钱买门票进去，除了看宫殿之外，还能看到多少文化的东西？很多人看到更多的就是建筑。除了建筑之外，可以看的东西其实并不是很多的，而且这些东西是被玻璃橱窗隔离起来的。即便是博物馆的展示，可以提升的空间还有很多。

当然也需要在思想上有一个变化，就是对参与的理解。大家习惯一提到参与就觉得要身体力行。除了身体力行的参与之外，还有思想上的参与。就像上课一样，上课时学生可以人坐在教室里面，但心已经飞出这个教室了。从身体力行上的表现看，显然他是参与进来了，但是参与的效果很差。如果学生在教室里面，听课的时候再加上自己的一些思考，那效果就会完全不一样。所以，体验一定要把它从身体力行的参与和思想上的参与分开。正是因为大家都觉得参与就是身体力行的参与，所以各地才会出现把婚嫁之类的习俗再现出来，然后让游客当新娘新郎。这不是体验或者参与最应该有的表现形式。

（二）"死"的多，"活"的少

文化旅游关注以前历史上留下来的文化比较多，当代文化和现代文化展示、介绍得比较少，如何让地下的东西能够变到地上来，让书本的东西能够走出来，让死的或者静的东西能够活起来、动起来，是文化旅游发展的过程中需要关注的。

在某种意义上，现在的很多文化旅游是没有当地当代文化烙印的。现在这个时代旅游研究者也好，旅游开发规划者也好，有很大程度上是把自己以及所处时代作为一个传承者来认识的。我们需要通过努力把祖先传承下来的保护好，然后才能够传承下去。所有的文化旅游基本都是基于这样一种视角来认识的。如果换个角度看，后代看他们的历史的时候，我们就会成为后代人的历史。如果除了传承之外没有创造，没有体现出当代人的当代文化和现代人的现代文化创造，后来者来看历史的时候，这段历史就不会有这个时代的烙印。所谓的文化旅游不仅仅要有传承，同时还需要有创造。正是因为这样，才有必要倡导创造未来文化遗产。就是通过现在这一代人的努力，为未来留下文化的印记，留给后来者一些文化的元素。我们在这个时代的人，有义务更好地展示，不断延伸、承载这些新的文化创造，而不只是守着历史文化的传承。

（三）厚重的历史多，轻松的解读少

随着智能终端使用越来越多，人们阅读文字、书本、纸质的机会越来越少，这种积极性也越来越差。大家会变得越来越简单，习惯去看那些碎片化的信息，习惯去看图，进入到所谓的读图时代、读屏时代。如果文化旅游呈现的还是这种厚重，显然是不符合现代消费方式的。因此在展示文化的时候，用什么样的方式来展示，怎样让传统变得时尚就成了问题。如果还是固守传统，那这个传统终究也会消失。

比如大栅栏地区聚集了北京最主要的老字号。如何让老字号能够散发出新的生命力乃至新的时代感，不要让老字号消失，是社会关注的问题。在老字号里面有做鞋很有名的，但这个鞋现在还有多少人会穿呢？如果要想卖得好，或许可以跟国际上著名的设计师合作，以政府的名义邀请这些设计师来给老字号做联合设计。这些设计师对现代人们的时尚生活有很大的影响。如果能够把这些元素整合进来，老字号的传统元素就可能变得很时尚。有一种说法指出，要让传统的东西变得时尚起来，让历史变得轻松，让文化变得可读，让所有的诱惑落实到可以销售的商品上。所有的文化，再有吸引力、再有诱惑力，如果不能落实到可以销售的商品上，这个文化肯定会消亡，不管它是工艺性的，还是商业性的。

## （四）文化旅游的要求和发展着力点

发展文化旅游的时候，可以从这么几个方面去做。从比较虚的角度来说，要发展文化旅游，到处都可以看到文化，文化应该不断地创新，到处感受文化，旅游者回去的时候，还愿意回味文化。

如果从比较实的角度看，可以从这么几个方面来分析。

第一，就是从文化的设施、文化的演出、文化的休闲、文化的传承这四个方面去着力。要修建文化的设施，为地方的文化休闲提供一些基础的设施。比如有博物馆、有文化馆、有各种各样的画廊和陈列馆，这是文化设施的问题。文化演出也是一样，让这些文化的元素变成人们喜闻乐见的演出的形式、艺术的形式。

在这里有一个问题，杭州有宋城千古情，在很多地方有印象系列、山水系列，在平遥有"又见平遥"这样的产品。如果说要到北京看文化演出，能说出好多种类，但不论哪个单拿出来，好像跟印象系列等大制作的驻场实景旅游演艺相比又有差距，这似乎成了主管部门和领导的心病。那是不是北京也得搞一台印象系列、盛典系列那样的演出？像北京这样一个地方，旅游文化演出的方式跟别的旅游目的地没有太大的可比性，它可以走出另外一条路子。有很多地方是因为像北京这样的文化演出太少了，所以需要有各种系列类的旅游演艺。作为北京来说，未必一定要选出金鸡独立的那一台演出。北京既是文化中心，同时又是政治中心。首都地位还可以带来很多文化作品。可惜的是，很多文化作品都没有很好地进入市场。北京有太多的文化演出还没有被旅游市场所利用起来。

如果能够在现成的文化演出供给能力与外事的旅游需求之间牵线搭桥，那比搞一台大型系列化的旅游演艺可能要更切合实际。

中央电视台原来曾经的信息扶贫模式其实就是做这样的牵线搭桥的工作，

当时有很多边远地区，农民很穷，但不代表他们不能够致富。农民有很多很好的农产品，但是这些农产品卖不出去。如果这些农产品能够在适当的媒体上做一些广告，那买的人可能就多了。不幸的是，农民没有钱来做广告。后来中央七套给农民做广告，央视和央企共同负担了广告费用，央企帮助那些边远的、贫穷地区的农产品走向市场，这样做也体现了企业的社会责任。这样三方各得其所。

旅游文化演出也是一样的，不是真缺产品供给或市场需求，缺的是供求匹配机制。

在这里，笔者找了一些关于文化演出的数据。这个里面还有另外一个问题，问题是，北京有很多演出，为什么这些演出在供给和需求两端，不能很好地"见面"。恐怕这跟空间布局有关系。在北京，吃肯定是不用担心，有簋街之类的餐饮聚集区，外地游客都知道跑到哪儿去找这些吃的，不需要去做宣传。供给在那里，需求就会找到那个供给所在地。旅游演艺则不一样，旅游演艺是分散在城市的各个地方的。伦敦的演艺收入中来自游客的收入比重很大。这与它在空间布局上是在比较小的空间内汇聚了比较多的剧院剧场密切相关。伦敦西区也好，百老汇也好，其实都是这样。要想在北京找一个剧院相对来说比较聚集的地方不容易，在空间不集聚的情况下，建立供求"见面"机制就更显重要。

第二，就是在文化氛围、文化展示、文化解读、文化体验上下功夫。在体验设计的过程中，需要把多感官的元素都调动起来，不是简单地看博物馆，也不是简单地听京剧。在听京剧的同时结合餐饮，说不定就是另外一种感觉。比如西安唐乐宫的表演非常有名，长盛不衰，它就是边吃边看表演。这就是展示方式的变化，就是让消费者去体验时是多感官的体验。习惯有很多地方的文化体验都是从一个角度来体验的。比如去看长城，或者到一些古城去看古城的城墙，大多数情况下会选择走一走，或者还可以在城墙下骑骑自行车。其实还可以用声音的元素来吸引旅游者去体验的。晨钟暮鼓也好，或者在城墙上兵器的声音也好、音响的设计也好，如果能够用进去，体验情况就不一样了。在文化解说、文化解读的过程中，需要更多地用到现代的技术。在文化体验的方式上来说，要有民间的智慧更好地去展示这个文化。

类似于"中国达人秀"这样的发现机制类综艺节目很火。其实也有很多媒体做过很多挖掘民间智慧的、挖掘民间文化的、挖掘民间的手工艺的节目，在电视上曾经做过展示，但没有在现实生活当中展现出来，通过这些媒体平台挖掘发现的文化或典型可能也是旅游演艺类项目可以去考虑的方向。

再比如，类似西单文化广场这类文化广场要更有文化的元素，变得更有文化也并不是很难的问题，如果能让过街通道里的那些"漂"着的艺人从地下状态到地上状态来，如果这些人能够在类似文化广场这样一个空间中适度聚集，文化广场一定会有一个完全不同的文化体验。让这些人可以更加从容地去追求他们的音乐的、艺术的追求，不要"漂"在地下通道里。这个变化应该很简单，这样的人也有很多。只要把这样的状态稍微做一下调整，那文化的感觉就能出来。

实际上欧洲有些面积不是特别大的广场之所以很有名，除了因为历史沉淀之外，还与广场中有做绘画的，有拉小提琴的，或者有一个乐队在进行表演之类的有关。旅游者到这个地方停下来看看，那个地方停下来看看，感觉很悠闲、很不错。国外的广场在面积上很多都跟我们的广场没法比，但它们一样很有生命力，原因正是在于它们是有文化活动的广场。

很多地方的广场只有早晨 10 点之前的广场和晚上 7 点以后的广场，白天的广场利用率不高，如何让它们变得更加有生命力是一个问题。

第三，就是需要考虑到从文化来源、文化自觉、文化系统、文化创新等方面上去做一些努力。一个文化要传承、要发扬光大，要让更多人关注、让更多人感兴趣，只有文化自信是远远不够的。一个文化在世界上真正能够有影响力，不仅要有强大的文化自信，一定还要让其他人相信你的文化才可以。也就是说，除了文化自信之外，还应该有文化他信。我们不能关起门来自说自话，不能在封闭的环境中思考文化旅游发展，而是要通过旅游的方式，促进文化真的形成影响，让别人相信你的文化。要让文化他信的话，可能方式方法方面还有很多可以考虑的地方，包括借鉴国际经验，巧妙地推动文化走出去、走进去。

回到旅游来说，要在文化传播上让更多人了解你，也可以采用旅游体验店或者旅游主题体验馆等形式。就是人们到这个地方来，在买旅游产品之前，可以先有一个体验。从文化角度来说，这也是一个可以去考虑的方向。

另外的，比如武夷山曾在全国办了很多武夷山专卖店，专门卖旅游。这也是一种方式。

## 第三节　私人定制旅游产品

在旅游产品里，除了有人文的旅游产品、自然的旅游产品这种分类之外，从消费或者体验效果上也可以做区分。比如高端旅游产品和大众化旅游产品，或者是大众旅游产品和私人定制旅游产品。虽然从整个国家大的潮流上看，应该强调大众旅游的时代，强调让大家都能够消费得起的旅游产品，但是从旅游经济内在的运行规律上来看，随着人们的收入越来越高、可支付能力越来越强，人们花钱买服务的意愿一定会不断提高。因此，对旅游的体验一定不会简单地停留在大众这个层面上。未来，高端旅行产品或私人定制旅行，一定会有它应该有的地位。

现在也有很多企业做定制旅游，有些可能用传统的方式来做，有些可能是利用互联网的方式，很好地解决了定制化生产和规模化生产这两者之间的关系。习惯上，我们认为定制旅游是个性化的产品，可能量会比较小，很难达到规模经营。所以现在有些企业就利用互联网来做规模化生产和定制化产品之间的衔接。定制可以规模化生产使得定制旅游未来的成长空间非常大。相信未来有高消费能力的人群数量也相当可观。

企业做产品设计也好，策划也好，都需要数据，这些数据既可以考虑通过自己的努力专门去获取，也可以考虑市场中已经有了哪些数据，能不能拿来用。比如想做定制旅游产品，想把产品的价钱卖得高一点，那就可能需要知道市场上大概有多少人能够付得起这个产品的价格，就需要了解中国人财富状况如何，就需要关注各大银行发布的中国财富市场报告，这些报告都是免费可以取得的。比如，这些报告可以告诉我们，家庭资产600万以上的（不包括房子）的中国家庭有多少户数，这些人大概都分布在哪些省份，过去几年增长状况如何，这些人都集中在哪些领域，等等。这些信息不需要定制旅游企业自己去收集。做市场推广的时候，要考虑到哪个区域去做推广；选择媒体的时候，要考虑到这些人是哪个领域的，他们的媒体偏好可能是什么样的，应该怎么去影响到他们。习惯说天下没有免费的午餐，实际上天下免费的午餐也不少，就看我们能不能找到。天下之所以有免费的午餐，是因为现在有旅游产业生态圈的概念、有产业闭环的概念，会形成可以让大家免费去使用的工具和可能性。

回到定制旅游产品，它跟传统上的大众旅游产品有哪些差异？它在哪些地方是表现出不一样的？这里面大概有三个层次可以去关注。

第一个层次就是市场。很显然，大众旅游当然是面向大众群体，但是如果私人定制旅游的时候，那就是一个分众的市场，它是细分的一个市场的概念。如果是分众旅游，要做私人定制旅游产品，应该以什么样的理念来做；要做市场细分的话，应该选择什么标准来细分；要给这个市场提供什么样的利益，需要满足这个市场什么诉求，这些方面都需要去思考。大众旅游主要表现的经营理念，或者消费者的服务理念，就是要满足旅游者到此一游的需求。在大众旅游的阶段，旅游者一般会关注到过、看过、拍过照片，就可以了。但如果是定制旅游，只达到这一步，那显然是不够的，一定要让旅游者更深入进去才可以。如果能请到一个高水平的导游给他讲解，那当然更好。定制旅游要满足的不仅是旅游者到哪里去，什么时候去，还要告诉他，在这次旅行的过程中可能跟谁一起去。在大众旅游者找旅行社报名时，就不会告诉旅游者这些，因此在一个旅游团里面，有大人、小孩、老人，可能还有大学教授，也可能有刚富起来的农民。人是很混杂的，在某种意义上是没有市场细分的，采取的一个态度就是来的都是客。但私人定制就需要把谁和谁去，到旅游目的地去能够获取什么这些内容也加进去。因为这时强调的是一个面向比较讲究品质生活的群体。这是第一个层面，市场上需要有细分，需要给旅游者提供不同的利益。

第二个层次，就是产品表现的形式。传统上旅行社卖的是线路，如果是私人定制，旅游的最终结果，也是从一个地方到另一个地方，也会有一个线路的表现形式。但是在这个线路当中，一定有某个主题化、个性化的东西在里面，是一个主题的旅行。

所以大众旅行强调的是传统的六要素，强调怎样把成本尽可能地降低。私人定制则往往比较强调透明的盈利，可能也会告诉旅游者成本是多少，然后也会明确地告诉他们提供这些服务的时候，服务的费用是多少，可能表现的方式会不一样。可能在这个产品当中，线路当中需要装进去除了六要素之外的新的元素。

比如，如果一个团里面主要是投资者，那除了看景点外，还可能找到主管投资的高官出来接见一下。对于有些投资的问题，也可以安排跟高官商谈。参加这样的团，在旅行的过程当中，还可以做生意，能够在这个方面有特殊的收获。

再比如，不丹的幸福指数很高，很多人会前往不丹旅游。那定制旅游选择这个团的导游，就不是传统上从事导游业务的导游，而是一个关于不丹写作方向的作家或不丹文化方面的专家。可以想象，有这样一个人来带领着去游览这个目的地的时候，旅游者的感觉、收获肯定也是不一样的。所以，除吃住行游购娱六要素之外，人、事、地、物可能需要加进去，需要通过努力，把这个旅游目的地一些有特色的东西挖掘出来。在传统旅游产品设计的过程当中不会包含进去的东西，需要我们把它组合进去。

第三个层次，从运营管理的角度来说，传统的旅游是混合式的、散拼形式的。但是私人定制旅行，就需要根据市场细分来将志同道合的人会聚到一起。比如之前有一个企业叫太美，它做了一个太美俱乐部，使大家聚集在一起，能够分享快乐的这样一个组织、这样一个平台。因此，它的规模控制上来说，要比传统的大众观光旅游的团队规模要小，有些大概是12个人，有些是16个人，反正是一个相对比较小的规模。

他们认为，太美不是一个简单的旅游企业，而是一个平台，通过搭建这个平台，让志同道合的人们可以在这个平台上聚集。大家既一起旅行，同时也在旅行当中来建立起人脉关系。所以，他们所追求的一个结果是，可能旅行结束了，大家的生意也做成了。尽管在没有进行这次旅行之前，大家可能是互相没有交集的。搭建这个平台，让大家的需求能够在这个里面碰撞，能够进行连接。做企业能够做到平台这个层次，应该是非常不错的。

也有很多很有意思的概括，说旅游团是一个骗子领着一群傻子，像疯子一样转来转去。旅游者也不知道应该看什么，然后小旗一挥，跟着导游看这里看那里，然后拍照，拍完之后赶紧走；然后再到另外一个地方，再拍照，照完了回来看看照片，可能都想不起在哪儿拍了。传统旅行在运行的速度上是比较快的，在某种意义上像赶集。但如果是定制旅行，这样做显然是不行的。定制旅游需要有更多的增值服务，需要对消费者有更多的尊重；顾客需要有更多的服务，不是顾客接受企业，而是企业去倾听顾客。产品需要在互动的过程中来确定。要有行前的服务，有行中的服务，有行后的服务。在这个过程中，旅游需要一个主题，活动需要有主线。需要让顾客把需求充分表达出来，让企业去满足他。

当然还有一些值得去关注的，就是在提供服务的过程当中，在产品运行的过程当中，有些时候可能会碰到一些意想不到的问题。比如有一个五六十万的环球旅行，在海峡两岸卖，很快就卖完了。这个产品真正到运行这个层面，可能发现内地的、中国香港的、中国台湾的消费者们的消费模式是很不一样的。表面上看起来，大家都应该差不多是同一个层次的，但实际上，海峡两岸可能在文化上，在消费偏好上还是会有差异，在运行的过程当中，也会增加一些麻烦。总之，私人定制产品要从市场、产品、运营、服务等方面跟传统的大众旅游产品形成差异化的发展。

后来太美被携程收购了，但太美的一些战略，包括它的整个品牌体系，公司的品牌、平台的品牌、主选的品牌，还是很有讨论借鉴价值的。他们曾经提一个口号，希望通过他们的努力，在字典里增加一个新的词，叫趣皮士。当然他们也希望把这个英文词进入到大英字典里面去，原来有嬉皮士，有雅皮士，他们希望增加一个趣皮士。他们自己的解释是，把趣字一分二字，在行走的过程中能够获取某些东西，知识上的收获也好、人的素质升华也好，等等。这是一个很有理想的企业

# 第四节 关于旅游体验

## 一、体验（经历）过程之分

旅游目的地或企业要让人们去消费，就需要给旅游者一个好的体验。旅游景区提供解说，提高消费者的消费技术，也是希望消费者有好的体验，旅游供给的目的最终都会落到体验这个层次上。网络上流传着这样一句话，"很多人，即使探寻遍了全世界，也没到过自己的内心深处"，这很有哲理。眼之所见，是心之所想。就是说，如果我们不想与之有关的事物，可能会视而不见；而能看到什么东西，尤其会专注去看的话，这个东西一定是人们有所想的东西、在

思考的东西。旅游体验也是一样的，如果没有真正地沉下心来，想要获取一个好的体验效果，是很难的。当然就体验本身来说，可以有体验结果、体验预期、体验破坏、体验延续等不同细分。

体验的结果可能是失望（如有些场馆由于原有展示内容缺失、人与自然关系体现不足、园艺类型的不足、生态理念的应用和衍生不足等各种不同的原因而造成的体验失望），体验结果被破坏了（景观或周边设施不协调造成体验破坏），可能体验结果是觉得物超所值（即体验超值，如景区内的表演活动客观上对部分游客起到了体验增强的效果）。

体验预期就是旅游者可能会接收到某些信息，然后根据这些信息，想象旅游目的地可能是什么样子的。体验预期可以通过适当的营销手法来改变，对于那些"大门游客"则更需要通过必要手段改变其"可进可不进"的体验预期。

体验破坏需要多角度地分析。有些情况下，可能需要更多地强调听觉来塑造体验，有些时候可能需要强调嗅觉来塑造体验，有些可能需要让人能够沉浸式参与进去来体验。比如昆明世博园在1999年世博会的时候是很受欢迎的，后来接待规模逐年地下降。那能不能够拉近一下消费者和园区的服务人员之间的距离，让服务人员变得更加具有亲和力？如果服务员身上能够用到某种特定的香水，能够让消费者闻起来非常舒服，那情况就不一样了。再比如，有实验表明，一个超市里面卖小吃的服务员，在消费者挑选小吃的过程当中，如果能够跟这个服务员有适当的身体接触，这个售货员可以卖出更多的小吃。餐厅的服务员在餐厅服务的过程当中，跟顾客有适当的身体接触，也往往能获得更多的小费，这都是消费行为方面一些实验的结果。这些规律在旅游当中也适用。

体验延续可以通过游客自身的照片，也可以通过景区有意识的购物品供给来加以体现。尤其是如果能够将购物作为旅游体验的延续消费的载体，对于景区的成功将起到至关重要的影响。

体验延续的过程，一个方面可以通过照片体现出来，旅游回来之后，过段时间拿出照片看一看，又会想起当时的那种场景，这是一种体验的延续。

另外一个方面，旅游体验延续更加重要的是购物。只是很可惜，旅游目的地要提高旅游购物比重的时候，基本上都是从经济收入的角度来认识旅游购物的。实际上，购物是体验能够在旅游结束之后继续延续的一个载体。从这个角度来看购物的时候，可能看购物会看得更加透彻一些。就好比是只有重视了消费者，才能够获取更好的消费。不能只盯着消费，不盯着消费者。

## 二、旅游体验

十八罗汉中有一个罗汉叫喜庆罗汉，那什么是喜？什么是庆？传统的听觉、视觉、嗅觉、味觉、触觉这些感官可以感知到的快乐叫作喜。但这是快乐的第一个层面，还有第二个层面是可以不由这些感官感觉到的快乐，也就是重视内心在里面所起的作用。眼之所见、心之所想，就是需要把心沉浸进去。作为体验来说，不能只讲传统的五个感官。还有一个罗汉叫挖耳罗汉，他最著名的就是六根清净。六根就是眼耳口鼻身，再加意念。前面五个感观能够形成经历，把意念加进去，这才是真正的从经历到体验的变化。虽然习惯了把体验和经历放在一起同等看待，但是如果去查一下词典，就会知道这两个词是不一样的。经历是曾经遭受过或者碰到过的，体验则是曾经碰到过、遭受过，并且有所得。

在中国的传统审美当中，也有一些类似说法，比如在明朝的时候，书法家祝允明讲了一句话："身与事接而境生，境与身接而情生。"相对而言，经历所评价的元素，可能会比较少一些，它强调的是感官上的收获。而讲体验则是一个综合的元素，涉及的评价因素也比较多，它强调的是认识上的增长。简单而言，如同见识，"见"就是经历的问题，"识"就是体验的问题，所以有见未必有识。要让消费者获得更好的体验，除了感官元素的综合之外，还应该有些其他的东西加进去。这里面有很多东西可能看不着，但是它确实会对最终的体验产生影响。当投资者找哪些空间、哪些区域比较适合做休闲度假产品的时候，一定会涉及诸如这个区域的温度、湿度、日照、气压等小气候以及风力、地质状况甚至磁场等。

另外一个方面，设计产品的时候或者消费者去消费产品的时候，如果一个产品很简单，好像没有任何装饰的，把这个产品端到消费者面前，让消费者去消费，这可能是一种感觉。如果把这个产品变成一个仪式，再让消费者去消费，感觉又可能不一样。比如举个简单的例子，我们平常去文物文化景点，随随便便进去和像模像样地穿鞋套、戴手套之类的方式进去，后者满满的仪式感可能会在很大程度上影响体验。

## 三、顿悟体验与渐悟体验

顿悟和渐悟是两种不同的情形，体验其实也是一样。旅游者可以慢慢地去欣赏，慢慢地去感受，然后慢慢有收获。但是可惜的是，旅游本身时间很短，实际上是要让消费者在这个地方来旅游体验的时候，能够获取某种顿悟的体验，而不是渐悟。渐悟游客等不及，只有顿悟才是游客所需要的。所以，旅游发展需要进行场景的设计，让人们到这个场景中、到这个环境中时，能够自然而然、不由自主地，生发出某种供给端预期的感觉来。鞍山有很多温泉，是著名的温泉旅游目的地，同时有千山国家风景名胜区，宗教旅游资源丰富。如果游客只是去千山体验宗教旅游，不去体验享受温泉，那温泉和宗教资源就衔接不上。如果联想到古人表现出对某个事情很虔诚很庄重的时候往往要沐浴更衣。所以设计一个仪式性的产品包，到千山去体验宗教旅游的时候，千山脚下就有很多温泉，先去泡温泉然后再到千山去，营造出一种虔诚的氛围来，体验结果可能很不一样。通过营销的努力，在市场当中也能形成这样一种特定的消费模式和体验方式。

## 四、高峰体验

如果这个顿悟的体验能够让消费者永远记住，再也不会忘记了，这当然最好。马斯洛在调查一批有相当成就的人士时，发现他们常常提到生命中曾有过的一种特殊经历，"感受到一种发自心灵深处的战栗、欣快、满足、超然的情绪体验"，由此获得人性解放，心灵自由，照亮了他们的一生。马斯洛把这种感受称之为高峰体验。有总结指出，高峰体验的特点有以下几点：从主观感受上说，它是人生命中最快乐、最心醉神迷的时刻；它同时也是一种"目的体验""终极体验""存在体验"；从持续的时间来看，这一种体验往往是短暂存在的。

再比如自然生态比较好，跟现代文明离得相对来说比较远，或者离繁华的城市都市比较远的地方，获得这种冲击性、突发性的高峰体验有它的独特性和优势。曾经有一个游客描述过他感受的这种高峰体验。他说他到西藏去旅游，有一天早上，他看到村民很早就起来了，大家到一个地方去。他觉得很奇怪，就跟着去了。跟着去到那个地方等着的时候，等太阳升上来的一刹那，他突然就顿悟了。具体顿悟了什么不知道，但他一下子就记住了，感觉太美了。然后他第二次、第三次去，再也没有找到过这种感觉。当然这种高峰体验一定是可遇不可求的，但是一旦碰到过，它一定会在生命中，让旅游者终生难忘。如果说一个旅游目的地，如果能够有某种设计，为旅游者达到这种效果，而做一些外围的辅助与设计，那就很了不起。

### 五、在场体验

旅游体验很重要，但是另外一个方面，现在拍摄的技术太高超了，说不定到现场看的还没有在视频上看得清楚。就像我们看足球一样，在电视上看足球，进球了还会反复地重放，我们可以看到这个球怎么踢进去了。到现场看的时候，都不知道怎么就进了一个球。但是人们还是喜欢到现场去看。旅游体验也是一样，现在各种各样的视频作品这么多，人们还愿意到现场去看，一定是有非现场体验的时候感受不到的东西。比如人们常说眼见为实，但是从体验来说，眼见为实未必为实，眼不见的也未必为虚。所以在场和不在场所感受的东西是不一样的。

再者，如果在家里看电视，那是单维的体现，没有跟其他人有信息的交流。我们就是对着机器，对着画面，而且这个画面视角还是我们没有办法去选择的，是别人替我们选好的。到现场去看的话则是多维的，可以有交互的，体验的维度就会不一样，参与程度也会不一样。在家里看视频的时候，是对点的体验，到现场的时候，则是对整个场、整个空间的体验。旅游发展有点有线有面，无数个面杂糅在一起、交汇在一起，就可能是一个像磁场一样的旅游场的概念。这可能也是在现场和不在现场不一样的地方。

同时在电视机前面，我们所看到的是经过别人选择后的体验，这是二手体验，自己到现场去看则是本真的、第一视角的体验。当然本真体验未必一定会超越二手的体验，但是人就是愿意到现场去感知。

如果要到现场去跟自然环境做结合的话，可以结合《第三次工业革命》去进一步思考。书中有这样一段话，说人类的亲自然情结是与生俱来的，但是我们越来越迷失在社会系统当中，需要去重新获取亲自然情结，唤醒埋藏在我们潜意识里面亲近自然的本能。所以走向自然环境现场其实是人类进化的过程中的内在需求，人有亲自然情结，它现在迷失了，或弱化了，人们需要重新把它唤醒，就需要到自然环境当中去。现代社会的很多心理健康的问题，也可以到自然环境中得到治疗。生活在水泥丛林中久了，多去听听一些自然音乐，对心理状态会有很大的帮助。

当然，回到自然现场跟注意力重建有关系，就是和人的认知能力提高有关系。在心理研究当中，有一种注意力重建理论。这个理论认为，在自然界和繁华的都市对提高人们认知水平是有很大差别的，在繁华都市中，人们可以接受很多信息，也可以接受很多教育，能够在认知方面有很多的提升，走向自然、身处自然，也会有认知能力的提升，但是这个提升的效果可能会有很大的差别。在繁华的都市中，由于有太多的信息、太多的认知会导致认知超负荷，超负荷情况下认知水平的提升就可能会比较慢。到自然环境中，可以让自己的思维、精神得到高度的放松，认知能力的提升就可能会比在繁华都市中更快。还有一些专门研究认知心理学的人也做了一些实验，这些实验表明，自然界对人类的认知能力有重要的修复和滋补作用。虽然现在科技越来越发达，可以有更多的方式方法来体验二手自然，但是二手自然毕竟不如本真自然给人们带来的作用好。所以人们还是要到现实中去体验。

作为旅游来说，有一个在现实中可以存在的、可以去消费的、可以去选择的异托邦，就是他者的空间。假设在现实生活中，碰到让人痛苦的事情，那要让自己快乐一点，尽快走出这种痛苦的状态，天天待在曾经带来痛苦的空间中，天天看到会带来痛苦回忆的那些东西，心情肯定是好不起来的。所以一定要离开熟悉的环境，到另外一个地方去，到一个陌生的环境中去待上几天，调节心情。在这种情况下，所期望抵达的另外一个空间就是异托邦。在旅游中，迪士尼乐园、度假村也好，汽车旅馆也好，等等，这些都是比较远的另外一个地方的空间，这个空间会给人们带来在自己、自我这个空间中所感受不到的体验。所以，旅游其实也是一个寻找异托邦的过程，看看哪个东西能够解决这种需要，然后到这个空间去满足自己的这种追求。

# 第四讲
# 乡村旅游：发展与创新

## 第一节　乡村旅游概念与重点

### 一、乡村旅游的发展前提：四大因素

谈到乡村旅游的发展，就会想到民宿，谈到民宿就会想到我国台湾地区的民宿的发展，台湾的乡村旅游、民宿有着很好的发展，它的认知度和美誉度都很高，这与城里人回流到乡村去创业是有密切关系的。他们回到乡村，用他们的智力，用他们对城市人群需求的认知，提供能够满足城里人需要的民宿产品。所以，在具体展开讨论乡村旅游之前需要了解三个方面问题：第一，是智力，不仅仅是资金；第二，从新财富革命来论述城里人到乡村去旅游的问题；第三，发展乡村旅游不是简单地为城里人服务，最根本的是为乡村人自己的发展服务。这个是首要的问题，涉及理念性问题。

其次，发展乡村旅游的时候，会涉及很多很具体的问题。比如应该在哪里修个民宿、民宿应该修成什么样子、民宿的道路交通怎么解决、水怎么解决、废弃物怎么解决等，有一大堆具体的问题。但是这些都是后续的问题，在发展乡村旅游的时候，有些前置性的问题是首先需要关注、需要考虑的。这包括发展乡村旅游的前提、对乡村旅游发展的市场认知、发展乡村旅游应该选择的业态和模式、乡村旅游的发展思路、发展乡村旅游除了适应城市的大众旅游需求之外是否能够在发展高端项目上有所突破、如何搭建乡村旅游的整个大的空间

构架和格局、怎样协调点与点之间的关系、点和面之间的关系，等等。这是在发展任何乡村旅游的时候，都需要考虑到的问题。

乡村旅游发展必须考虑的四个因素，习惯上一般会涉及三农，农民、农村、农业。但是如果乡村旅游要深化发展，一定会涉及这三个要素之外投资的问题。包括如何用土地政策的变革来获取更多的投资机会。前面这三个因素，农民需要有就业、需要有社会保障、需要有更多的收入；农村需要从农业经济向农村经济去转变、向乡村经济去转变。农业经济讲种粮食，农村经济是解决在农村这个空间中怎么来发展经济的问题，着眼点不同，那发展经济的方法就不一样。农业经济主要是从种植业的角度，而如果讨论农村经济、乡村经济，那么可以跳出农业种植经济的概念。如果乡村本身有很多农业的传统，比如有耕地，有些特色的农作物，那么在让农业本身的限制不发生变化的情况下，如何通过旅游的发展，让农业的产出价值能够得到提升。总之，传统的三农问题在旅游的发展过程中都需要创新性地加以考虑。

关于投资的问题，如果只是在乡村办一个农家乐那好办，办一个民宿也好办，要搞集群化建设、整体性开发的时候，投资就不是10万、100万的问题，可能上亿。那这么多钱投资投下去，如何保证投资回报和产权？这么多钱投下去，如果只是发展民宿，整个产业体系是不是完善的、可持续的。这些都需要考虑到。

## 二、乡村旅游的市场认知：微旅游

乡村旅游固然可以考虑更远距离的市场，甚至可以考虑国际的市场，但是大多数情况下，乡村的旅游市场应该是比较近距离的市场，或者也可以说，近距离、多频次的旅游应该是乡村旅游消费的主力军，不是远距离的。因此，就需要对那些近距离、多频次的旅游有个新的认识。因为现在"微"在现实生活中的表现太多了，微信、微博、微电影、微视频等，如果借现在社会中"微"这个词来讲近距离、多频次旅游的时候，可以把这种旅游叫作"微旅游"，并且可以对微旅游进一步细化理解。

### （一）微消费

微旅游这个概念，可以从规模、速度、质量、创新上来判断它。具体展开来说，比如说消费者，微旅游市场的消费可能是微消费，单次的花费可能是比较少的。比如说周末到周边的乡村玩上一趟，可能花不了多少钱，住宿和餐饮可能都不贵。单次的消费可能是比较少的，但是这种消费的频率是常态化的，隔一段时间就会去一趟。所以说，乡村旅游在某种意义上来说，有点像薄利多销的方式，单次消费少，但重复的频率高。

### （二）微项目

在乡村旅游发展的过程中，如果说为了不破坏乡村原有的肌理和格局的话，这里面的项目就一定要是小的项目。单体项目比较少，但是容易体现以人为本的理念，而且可以通过小项目的大聚集，形成群落式的竞争力，不仅仅是这个酒吧有竞争力，这个民宿有竞争力，而是一群酒吧、一群民宿、一群餐饮。乡村旅游发展需要通过差异化、集群化的方式来提升竞争力。从项目上来说，则未必一定要像主题公园那样规模特别大，尤其是要保持乡村肌理的话，不必像旧城改造那样推倒重来。

### （三）微创新

当需要做一些创新的时候，不一定是颠覆性的创新，可以去做一些小的、但是有实实在在价值的创新，以此来降低全面创新的风险。在某种意义上来说，乡村对风险的忍耐力或者承载力和城市可能不太一样，更何况乡村的很多人在发展旅游之前可能没有太多的收入，都是希望通过发展旅游的方式来让自己能够脱贫致富，获取更多的收入。如果要大规模地全面地创新，它的风险也承担不起，所以要做那些小的、但是又有实实在在价值的创新。

比如，2008年在广东调研的时候，看到一种现象，很多乡村都已经空了，被称作空心村。这些空心村有两种状态：一是，这个村子里面，老村子的人都挪到新村去了，建了新的房子，这是一种状态；另外一种状态是离开村子，到外面打工去了。这两种状态，不管是哪种状态，有很多房子是闲置下来的。这些房子闲置下来后，有很多种方式可以去改造、去发展乡村旅游，可以把它们推倒，然后再盖房子。当时给当地出了一个主意，在外观不做任何变化的情况下，进行内部改造，考虑到这些村子有很多是离广州很近的，大概40分钟左右的路程，所以建议，能不能把村子中的这些房子进行适当改造之后，跟城里的那些企业总部做衔接，跟企业一些拓展的会议做衔接，或者跟一些假日旅游做衔接，把这个离城市三四十分钟距离的村子、房子变为公司接待的空间。类似这样处理，可能需要承担的风险就要小很多。

## （四）微循环、微调整

做一个微循环的概念，它既是近距离流动，又快节奏消费，又是多频次的体验。再有就是微调整，就像做手术的时候，要尽量减少手术对人肌体本身所带来的损伤。对于乡村旅游来说也是一样，要保证它发展内在肌理的延续性，让整个旅游目的地的更新是有序的更新，而不是跳跃性的更新。在乡村旅游当中，可能用改良更切合实际。

在现在这个发展阶段，有几个方面的外部条件可以来支撑微旅游的发展。第一就是人们获取信息和购买产品的方式。原来人们要消费一个东西，可能需要提前很长时间去了解这个产品的信息，需要很长时间做出预订。但在当今的互联网时代，不仅是城市的产品，乡村的产品都是一样，很多都已经是电子商务化、在线化了，所以要购买产品是非常便利的。从消费的便利性来说，如果有互联网、电子商务的存在，会很便利，人们没有必要做很长的时间提前量来消费这个产品。所以在一定意义上来说，今天想去，就可以去，说走就走，在乡村旅游中很容易实现。之前，乡村旅游的电子商务化程度是比较低的，在线旅游企业的发展对乡村旅游的电子商务化有很大的促进。

因为在线企业在竞争的过程当中，也在不断地找别人还没有进入的领域，乡村旅游产品上网自然也是它们关注的方向。第二是人们现在的出行也很便利。以前人们要出行，可能得借助公共交通工具，原来的公共交通工具还很慢，而现在如果要借助公共交通工具，速度很快。第三，现在城市居民可以完全不借助于公共交通工具，自驾车拥有量已经是非常庞大了。截至2020年底，北京市私家车拥有量已经近500万辆，私家车达到1000万辆以上的省份有6个，所以人们出行很方便。由于这些条件逐渐地成熟，使人们想去做些近距离、多频次旅行可以付诸实施。作为乡村供给空间，乡村旅游目的地当然可以去承接这部分市场需求，这就是微旅游。

从"微"上去做文章的时候，还可以从市场细分上进一步去思考。比如乡村要承接城市的消费，但城市人群不都是一样的，因此要对城市人群进行市场细分。当然，这个市场细分，有传统的细分的方法。比如可以根据年龄结构来分，根据受教育程度来分等，也可以利用现在的在线技术、在线评论对文本进行分析，来做微市场细分。现在网络上有很多在线评论，对在线评论的文本运用专门的工具文本分析之后，可能会发现有意思的细分市场。

## 三、乡村旅游的发展思路：业态/模式

### （一）发展新业务

从发展思路上来说，乡村旅游要形成一些新的业态、新的模式、新的景观，要有一些新的服务，而不是去简单重复城市旅游曾经走过的路子。以往讲乡村旅游习惯讲农家乐。但是从现代业态上来说，农家乐只是乡村旅游发展初级阶段的产品。一些乡村旅游经历过一定发展阶段后，它开始着力做一些新的东西。比如说营地，因为有很多乡村的土地是没有办法真的拿到市场上去交易的，但是可以用这个地做一些临时性的建筑，尤其是营地。在农家乐基础上可以做一些主题民宿，或者往乡村酒店去发展，又或者跟农业生产结合在一起做一些休闲农庄。如果说原来已经有相当规模的话，也可以考虑把这些供给进行联合，形成乡村休闲公园。乡村旅游发展过程中，要往高一个层次去进化的时候，这些都是可以考虑的方向。

### （二）构建新模式

从模式上来说，乡村旅游发展也需要跟一些趋势性的变化做结合。比如要低碳、智能，不能因为是乡村，就觉得可以落后一点，就可以不注重这些方面。其实不然，乡村旅游需要有这种新的集成技术，需要有生态技术的应用，来提高乡村绿色生态的品质。乡村当然也有脏乱差的地方，但是从城市和乡村相比较来说，对农村绿色的品质总体上会有更高的体验期望。所以，低碳、智能、集成、生态技术在乡村产品开发的过程中需要运用上去。这是第一个方面。

第二个方面，现在都讲城镇化，也可以考虑把旅游作为城镇化、城乡统筹的一个推进手段和方法。因此，乡村旅游的发展也可以从主题旅游小城镇开发建设的角度去思考，尤其如果城镇化建设需要大块土地的时候，那就可能需要用城镇化建设土地开发的模式去做一些乡村旅游发展的事情。传统搞房地产开发的时候，有一级开发、二级开发等，乡村旅游发展需要在乡村、政府、开发商之间形成一些相应的利益分成机制的设计。

第三个方面，作为乡村来说，也需要考虑到，从乡村的农业发展到乡村经济发展的变化。在旅游发展的过程中，也需要考虑如何利用乡村比较好的生态、文化，以旅游为平台，做一些产业复合性的发展模式的设计。比如把城区的消费资源拉过来，把产业资源拉过来，但如何把乡村的整个旅游产业、休

闲产业搭建好，不仅仅是有现代农业，包括城市里所做的会议产业、创意、健康、总部经济，这些东西都可以利用乡村自身的山水资源、土地资源、劳动力资源来做一些匹配。

比如举个简单的例子，这个乡村可能在发展乡村旅游的过程当中，不去发展观光农业，也不发展休闲主题的民宿，在乡村搭建一个跟旅游有关的呼叫中心是否具有可行性？只要所引入的业务是跟旅游有关的，那也可以是乡村旅游产业的一个组成部分。所以乡村旅游产业的复合性发展，可能不仅仅是观光和休闲，因为旅游产业的范围已经不再是局限在传统的旅行社等方面了。

当然从空间架构上来说，一定要考虑好在乡村的核心项目区、中心服务功能区、散落分布的乡村旅游景点都分别应该是什么样的状态，它们之间又应该如何形成联动架构？

（三）突出新景观，提升新服务

人们到乡村来，不是简单来观光的，更多是来休闲度假的。在某种意义上来说，乡村旅游面对的需求和乡村旅游现有的供给能力之间是有差异的，是不适配的。因为相对而言，乡村本身社会经济发展水平比较弱，服务意识相对来说可能比较弱一些。而城市居民之所以周末到乡村来，不仅是来观光的，也是来休闲度假的，来享受的，是需要服务的。这往往就造成了服务需求和服务供给之间的落差。因此乡村旅游绝对不能因为地方经济比较落后，对服务的要求就不高，而是一定要在休闲度假的核心元素——服务上下功夫。

另一个层面，乡村有很多特有的资源，包括绿道也好，水系也好，要把这些资源充分地利用起来，作为一个产品串联的桥梁和工具。在乡村，如果要做类似于自行车骑行的骑行产品、徒步产品，它是有独特优势的。

## 四、乡村旅游的发展突破：高端项目

在乡村旅游发展的过程中，需要有一些新的高端的东西，而且是依托于传统的遍在性那些乡村资源来做一些高端的突破。如果只是做低端的初级旅游产品，盈利能力会受到影响。所以说，可以去考虑有没有高端突破的可行性。稻田在中国的乡村太司空见惯了，到处都是稻田，如果把一个高端的酒店在一个稻田景观的周围来布局，这就是一种新的方式，就有了稻田酒店。游泳池外面全是稻田，餐厅的外面也是稻田，这些稻田里面所产出的粮食，除了酒店自己使用之外，还可以送给酒店周围的居民，插秧也可以成为游客的体验性活动。这样既丰富了产品也体现了企业的社会责任，跟社区之间搞好了环境。

除了泰国清迈稻田酒店，还有很多其他的在乡村当中比较高端的，比如像帐篷酒店。四季集团在清迈就有14种帐篷酒店，这类帐篷酒店，晚上躺在床上，可以看星星，顶棚是可以开合、可以看到外面的。甚至整个的四面都可以打开的。做SPA的时候，可以在全开敞的空间中享受跟大自然的亲密接触。

清迈的乡村度假，除了帐篷酒店之外，还有另外两个要素：一个要素是高尔夫球，另外一个是泰餐烹饪。因为乡村面积大，所以建设高尔夫球场有它的条件。泰国清迈周边有很多高尔夫球场，所以男性游客可以去打高尔夫球，而女性游客可以在酒店里面学泰餐烹饪，参加瑜伽课程。泰餐烹饪也是乡村传统的东西，也是泰国传统的文化。这样各类游客各得其所，大家都不亦乐乎。

乡村旅游在发展的过程中，还可以向台湾地区学习。如果把我国台湾地区民宿那一套东西真的学过来，那这里面的发展空间还是非常大的。台湾地区在传统文化的传承上，从某种意义上来说，传承得很好。同时在旅游层面的创新能力，尤其旅游住宿方面的创新能力也是非常强的。最早的民宿虽然不是台湾起源的，而是跟日本有关系；汽车旅馆最早也不是台湾起源的，而是在美国。但是中国台湾现在做民宿比日本还好，做汽车旅馆也比美国的汽车旅馆做得好。他们会把按摩浴缸之类的比较偏豪华配置的设施放到汽车旅馆里面去。台湾的汽车旅馆的使用率不是按一天一个晚上来卖的，它可能是按小时来卖的，按时段来卖的。一个房子一天可以卖好多次，这样它的投资回报的能力就很强。

### 五、乡村旅游的点核问题：空间构架

乡村旅游除了跟农家乐不一样之外，从概念界定上来说，也可以做这样一些思考。比如说它所依托的是乡村的空间环境，它所利用的是乡村的生产形态、民俗风情、生活方式、乡村风光、乡村居所、乡村文化，它在经营过程当中，是利用城乡的差异来规划、设计、组合。这样形成的产品，既可以观光，也可以游览、娱乐、休闲度假、购物，尤其是利用乡村的土地空间来做购物，在这个层面上还有很多可以研究和探索的地方。包括把购物从商店延伸到一个敞开式的空间中去做旅游购物场所的建设。就乡村旅游来说，一个是空间上，

乡村地区；一个是吸引物上，乡村的生活，乡村的遗产；一个就是到乡村去干什么？

比如成都，它本身有很强的休闲传统，乡村休闲很有特色；比如贵州、云南，有很多民族村寨；珠三角有很多高科技农业、观光农业，每个不同的区域的乡村旅游都有各自的特色。日本乡村旅游比较强调农民的自主经营，强调联合发展、合资经营；美国更多的是农场主的经营；法国则专门有一个组织叫欢迎莅临农场，它主要是休闲农场；韩国则是有很多观光农园。

所以，在乡村旅游发展的过程中，国内国外都有一些先进的例子可以参考借鉴。乡村旅游在自己所开发的产品上，根据活动上的差异，可以分出不同的产品类型，比如展示独特的田园风光的，最典型的就是梯田景观，哈尼梯田，广西那边的梯田，有很多梯田的景观。也包括到当地去参加一些农村的活动，购买土特产品；到少数民族村寨，有很多民居的建筑可供参观游览。也可以到乡村去，利用乡村的自然原材料做乡村的度假。根据不同的类型做不同的划分，乡村的农业、林业、牧业、渔业、工业、文化、体育、探险、购物也可以分出很多不同的方面。可以去做一些项目与活动的设计。比如一些乡村搞热气球，如果有比较高的山，可以做滑翔的产品。比如说围绕着文化来做，文化当中的英语、园艺、厨艺、舞蹈培训等。游客到乡村来需要有学习，而不是简单来休息的。在休息当中，还要有学习的过程，因此可以做一些乡村特色的菜、厨艺的培训。在乡村旅游发展过程中，其他的各种活动都可以围绕这些活动形成相应的旅游产品的开发。

## 六、乡村旅游的认识

乡村旅游不完全等同于农家乐，它是以乡村空间环境为依托，以乡村独特的生产形态、民俗风情、生活形式、乡村风光、乡村居所和乡村文化等为吸引物，利用城乡差异来规划、设计和组合产品，集观光、游览、娱乐、休闲、度假和购物为一体的一种旅游形式。这个学术上比较公认的概念突出了两点，第一，挖掘文化为核心，差异化发展，多种体验项目；第二，多种经营开发模式，产品类型更为多样，政策引导和管理做保障。

（一）乡村旅游不同的产品类型

根据有关资料显示，乡村旅游的产品类型主要有以下几个方面：

- 具有乡村性的乡村旅游产品，主要包括展现独特田园风光的乡村旅游产品
- 各种参与性农事活动和土特产品
- 具有典型乡村性和文化传统的民居建筑、民俗风情的文化旅游产品
- 具有典型区域文化特征与生态特征的传统农业生产技术类和高新技术类乡村旅游产品
- 充分利用自然原料和乡村性设施开发的乡村度假旅游产品

总体来看，乡村旅游开发围绕主题，尽可能多地开发各种适合家庭不同年龄人群需求的产品，延长停留时间，增强吸引力。

### （二）乡村旅游重在乡村性

当然无论分得多么细，乡村旅游最重要的是要保存乡村性。如果乡村建设得跟城市一样，那么城里的人可能就不愿意来消费。如果城市人好不容易逃离了城市，又进入到另外一个完全城市特色的乡村，那他们的需求就没有得到满足。

乡村性的表现主要有三点。第一，乡村有农业的生产，所以是农业的本质。第二是生态的本质，如果乡村在发展旅游的过程中，把整个生态破坏了，把河道水系破坏了，那这个生态本质就丢失了。第三是乡村规模的本质，就是它的尺度一定不像大城市，不是非常大的一个地理空间，而是要小的村落、小的乡村的聚落空间，人口规模相对比较少。乡村旅游开发的过程中，乡村旅游容量相对来说应该是小规模的，这也符合之前谈到的观点，乡村旅游是可以围绕着微旅游来做文章的。正是因为人们对乡村性规模这个层面有小规模的需求，所以在项目配置上就需要考虑到这一点来配置它。

### （三）怎样保持乡村性

保持乡村性做起来是比较难的，在实际的乡村旅游开发过程中，往往会被忽略掉。比如举个简单例子，乡村的道路、乡村河道整治、乡村田园的隔离设施、乡村水系的净化系统都应该如何设计和修建，这些可能都跟乡村性有关系。把杂草、杂木头、灌木来做护坡效果要比用钢筋水泥来得好，乡村修围墙和栅栏可能不如种些草坪、木质的篱笆隔离来得效果好。甚至除了中心道路需要有硬化路面之外，离开这个乡村的、聚落空间外围的道路，可以尽量地考虑到简单地硬化，而不是要水泥路面。水泥路面对水的下渗的影响，和简单硬化路面的时候下渗的影响是不一样的。水的下渗影响不一样，水土流失不一样，水土涵养不一样，整

个生态可能就不一样。

在乡村中,乡村道路的宽窄都是有讲究的。道路的宽窄要考虑到动物本身迁徙的问题,昆虫从道路的一侧到另外一侧移动的问题。如果道路太宽了,它还没有过去就被车轧死了,被人踩死了,那可能会使得这个道路两边的植物生长都不一样。当然再进一步来说,乡村也需要有乡村道路两边景观的营造。乡村道路两边景观的营造和城市道路两边景观的营造也不太一样。城市两边道路的选择和乡村道路两边的选择,因为需求不一样,它的树种选择结果也不一样。比如说在城市里面,城市两边的行道树当然要美观,但是城市的交通流量太大了,所以道路两边的树种除了景观美化之外,可能还需要考虑到空气净化能力的问题。对乡村而言,这个问题相对来说要求就可以低一点。当然,在乡村道路建设的过程中,也需要有一个不同树种的选择,就是所谓林相配置的问题,在不同的季节能够展现出不同的景观效果来。乡村水系的系统净化需要尽量地用生态净化的方法;在乡村建筑物的高度可能也需要做一些调整和设计。比如欧洲的乡村,除了教堂之外,大多数建筑应该比树的高度要矮的,以此来体现它本身的生态特征,让人们到这个环境中来消费的时候,不至于喧宾夺主,建筑物是掩映在整个绿化当中的。当然也可以把乡村元素做更好的运用,包括自然的山水、物产的器物、生活方式、制度性、传统的、精神的文化遗产,这些都可以在多维层面上做一些体现。利用田园生活、乡村生活或者乡村文化,达到一种深度、异质体验。

### (四)乡村性必须具有个性和特色

每个乡村都有乡村性,那每一个乡村的乡村性如何做到有个性、有特色?如果想去获取有竞争优势的吸引力要素,可能需要从乡村化、生态化、主题化、特色化上做文章。

以北京为例,北京围绕着乡村旅游形成了系列的十个标准,通过这十个标准来引导在乡村旅游中做乡村性延伸的问题,比如有些地方主要种花,有些地方在山上建一些酒吧,或者有些地方修鱼塘钓鱼,等等。当时选了十个业态,同时还选了北京市里一些管理比较好的酒店去做结对子,帮助乡村提高管理水平。

## 第二节 国外乡村旅游的经验

关于国外乡村旅游发展的状态，包括日本、意大利、法国、阿尔卑斯山山区、爱尔兰，各有特点。借鉴已有的研究成果做一些介绍。

### 一、日本乡村旅游发展经验

日本的乡村旅游发展本身也借鉴了包括法国、丹麦、德国其他一些欧洲国家和地区的先进经验，对乡村的整治有相应的专门法律，所以它们的乡村发展或者后续的乡村旅游的发展，是有一定的法律基础的。当我们去借鉴它的时候，可能需要重点围绕三个方面。

第一，一定要强调游客到乡村去的时候，能够参与进去，能够有知识上的收获。实际上，日本在乡村旅游发展过程当中，非常注重安排一些能够提高参与性的活动，不仅仅是让游客到乡村去亲近自然、修身养性，还能够让游客有知识上的增长、知识上的收获。

第二，在乡村旅游发展过程中，日本非常强调不能各自为政，对乡村旅游发展的主体有一个相应的组织来约束、来协调，有专门成立的观光经营者的协会。就目前来说，类似于这样的组织、协会的成立，在国内可能会存在一些障碍。不过，如果这个村子的党组织、书记、村主任是一个非常能干、有权威的人的话，他就能对一个村总体进行规划发展。能有组织地来发展乡村旅游，是日本做得好的地方。

第三，对于乡村而言，尤其对于经营乡村旅游主体而言，他们比较关注的，是在乡村旅游发展的过程中，重视农产品的就地销售。就地销售不是简单地把人引进来，把农产品就地卖给游客。而是既要推动农产品的就地销售，从而提高农产品的附加值，同时也要对这些农产品的就地销售进行品牌化的管理，通过品牌化的管理来提升这个附加值的含金量。让城里人到乡村里去采摘苹果，卖到超市里面6元钱，采摘销售可以卖到8元钱、10元钱。但是如果进行统一的标识、统一的标准、统一的包装、统一的管理、统一的推广，说不定就能够卖到15元钱。所以，统一的管理、品牌化的打造，对就地销售的含金量的提升是很有帮助的。

举个简单的例子，如果乡村在粮食种植的过程中，比如稻米种植的过程中是绿色生产的，没有使用化肥的，也没有打农药的，农民可能都只是各自宣传是绿色的大米。如果有政府的统一安排，给它们一个名称，可以进一步地由政府的公信力来提升市场对绿色大米品质的信任度。有时候宣传大米是绿色的，不用化肥，不用农药，但消费者不知道这是不是真的。相对来说，政府作为一个组织，它的公信力比个体的公信力更强，所以政府可以提升公信力。在空间区块上可以专门来划定，划定之后通过政府的力量，把信息化的要素加进去，以便城里人如果想实时监测农民对这个土地的管理也随时可行。就像有一段时间很流行的开心农场这种形式，如果做得比较到位，实体的开心农场是可以在网络上实时去观测地里的情况的。

再进一步来说，如果就地销售不是说游客来一趟就在这里买一趟，而是直接把农民的农产品和城市里面城市居民的需求去做对接，那可能就需要一个配送的机制，粮食、蔬菜在农田里生产出来了，直接配送到城市居民的家里去。个体分头去配送和由政府统一通过物流的规划来配送的成本也不一样。成本不一样，那么收益和附加值也可能不一样。所以可以重点去关注日本乡村旅游的就地销售的问题。

## 二、欧洲乡村：阿尔卑斯山区

阿尔卑斯山山区的乡村旅游发展也是非常不错的。当然不仅仅是阿尔卑斯山山区周边的城市人到山区来，同时也包括外国人到阿尔卑斯山山区去旅行的时候，除了滑雪、登山这些之外，它的乡村也非常有意思，能够得到很多不一样的感受。对于中国的乡村旅游发展，阿尔卑斯山山区的乡村旅游比较重要的借鉴可能有以下这么几条。

第一条，在未来的发展过程中最值得中国去借鉴的，就是阿尔卑斯山山区的乡村环境实际上是内化在当地人的生活当中，不是为了旅游发展的需要、迎合城市居民的需要，而人为地、刻意地去打造这个环境。当地人的生活本来面目就是这样。乡村环境对于乡村旅游发展很重要，不是在某一天、某一个月或者某一年当中很重要，而是要能够持续下去的，而真正能够持续下去的就是事物本来的样子。这样，不需要专门去做，这个环境就可以持续下去。对我国而言，很多地方的乡村旅游通过很多努力，包括资金的投入、当地老百姓劳动力上的投入，取得了长足的进步。但是从原来的乡村环境到今天的旅游变化，这个跳跃性太大了，很难确定它的可持续性。比如，一个村书记在任的时候，通过他的努力，把环境整顿得很好，但当这个书记退休了，下一任书记上任了，这个好环境是否还能持续下去？

第二条，强调整体的乡村环境里非常重要的一点，欧洲很多城市和乡村都非常注重建筑外立面景观的营造。通过建筑外立面的改造来对整体的环境起到烘托和强化的作用，非常强调对房屋后的、窗台上的布置，包括一些鲜花的摆放、绿植的种植。这些在乡村旅游发展过程中的具体措施可能跟不同区域人的性格有关系。欧洲乡村旅游环境与家居环境的统一性一定程度体现了环境意识比较开放，而我们中国人总体上比较喜欢一个东西是放在一个私密的环境中自己去欣赏。比如你买了鲜花，大多数情况下，是放在家里、放在花瓶里。而在国外的乡村，你会看到，他们不但会放在自己家里，在窗台上也会种上一些花，摆到窗台外面。一个是关起门来自己欣赏，一个是打开空间让别人去欣赏，这是非常大的差异。

昆明是一个全球闻名的花卉城市，但是在昆明好像没有看到过哪一个区域，或者哪一个游客比较集中的区域，在外立面上、这个窗台上，种上很多鲜花来改善整个外立面的效果。昆明的花卉价钱是很便宜的，甚至是论斤卖的。按理说，要改变这个外部环境，其实成本是很低的，但是很少有做到的。花卉只是体现在交易上。

对于我国来说，不仅仅是外部环境，内部环境上也有很大的提升。举个最简单的例子，印度的经济发展水平、旅游发展水平比我国要低，甚至要低很多，但有些做法上却很值得我国旅游业者学习借鉴。比如印度德里帝国饭店把很多香薰精油，用蜡烛点着加热，布满整个饭店走廊，让人觉得非常舒服。鲜花保持不了太长时间，但是通过这种方式，走进走廊、楼梯两边，到处都是这样的气味，嗅觉体验上感觉很好。另外，视觉上也会有一个氛围营造的感觉，非常舒服。

反观我国的饭店，很少看到过一家饭店可以把鲜花后续的价值利用起来。

第四讲 乡村旅游：发展与创新

第三条，国外修建建筑和我国可能不太一样，我们在城市中也好，在乡村中也好，习惯于整齐划一地搞建筑，如果有不平的地方，所谓的几通几平，先推平了，然后再修建建筑。山区会有很多山，很多缓坡，也会有平地，国外很多是依据山形地势来修建的，而不是呆板地来摆布。如果可以按各自的偏好更多元地去布局的话，就不会那么整齐划一，会显得更活泼一些。

第四条，跟第三条相关联，就是乡村的建筑。在欧洲，大多数乡村都是散落性地分布着，不是那么拥挤。这种布局给人的感觉就是轻松的，而不是压抑的。因为城市本身已经很拥挤了，游客到乡村去，希望能够有散落化的布局。乡村的建筑或者村落的散落化布局，也有自身的意义，人们到这样的乡村来旅游，通过散落化的乡村建筑来调节兴奋点。大家可以想象一下，欧洲的乡村到处都是绿色的，到处都是草、牧场，如果走上两个小时、三个小时，全是这样的草或者这样的牧场，感觉也会慢慢疲劳。但如果在这个草场或者牧场中，隔一段出现几个房子、隔一段出现几个村落，这些村落、这些房子就是带动游客在观赏这些绿色景观时的兴奋点。

第五条，乡村建设的过程当中，游憩设施的选择和设计，一定要符合乡村的特征，要考虑到就地取材。

## 三、欧洲乡村旅游发展促进措施

欧洲在推动乡村旅游发展的过程当中，也有一些比较好的推进的措施。比如它非常强调乡村服务的问题、乡村旅游品质的问题，有乡村旅游的品质认证制度，通过考核之后会颁发相应的标志。大家到乡村旅游的时候，可能质量是参差不齐的，那么旅游者应该如何选择。在这个时候，品质认证制度所提供的标志就有可能会成为一个质量判断的替代指标，尽管不知道这个农户怎么样，就看看这个里面有没有星级标志，或者这个饭店是什么品牌，欧洲是通过这种品质认证制度来做的。

2002年8月给香格里拉地区德钦县做规划时，涉及民居的旅游利用问题，当时也做过这样的建议。当时我们去的是雨崩村，这个村子一个上村，一个下村，村民们对旅游的认识尽管未必一样，但是都希望通过旅游来挣钱，都希望能用自己的房子来接待游客。但每个村民家的条件不一样，住宿的质量参差不齐，要是旅游者自由去选的话，肯定选那些好的，不会选择那些质量相对比较差的。所以在进入这个村子最后一个垭口的树上，挂了一块牌子，让大家到这个村子去住宿的时候，不要直接去找当地的村民去住宿，要找村干部统一来安排住宿。这个制度应该是社会主义制度在藏区最好的体现之一。今天这个村干部安排了第一家，明天有人来了安排到第二家，再安排到第三家，这样轮流着来，不至于因为质量参差不齐，有些村民在旅游经营中赚很多钱，而有些村民没挣到钱，因为旅游而造成贫富上新的差距。

尽管这种安排有利于社区的共享，但这个不是最好的方式，如果哪天不巧，安排游客到不是那么好的家庭里去住的话体验会不好。所以说从游客体验上看，分配上的平均主义不是好的方式，而是需要通过品质认证制度，保证体验质量。当然，如果让整村住宿的品质共同得到提升，这又是另外一种改变的方式。

这种品质认证制度的标志本身，也有很多可以去设计的。比如这个地方如果是中原地区的话，中原地区种很多小麦，那乡村旅游品质标志可以用麦穗来做。有些地方可能是比较偏远的少数民族村寨，可能有些独特的动物，可以选择动物来作为标志。当然如果有政策配套的话，获得这个认证后后续的配套支持可以跟上去，比如说营销、推广、预订，都可以跟上去。后续的支持还包括成立相应的组织、建立完善的预订系统或者划拨专门的促销经费。我国很多乡村旅游发展，比较重视投资搞建设，但是不重视搞营销推广的工作。这种状况要改变。

### 四、法国观光农场发展经验

在法国乡村旅游发展过程中，可能比较典型的就是农场，它专门有一个叫欢迎莅临农场的组织。农场本身的类型也很多样，不同农场所提供的乡村旅游的活动也是多样的，不同的农场有不同的特色。总体上有三个方面，第一，到乡村去品尝美食；第二，农场住宿的接待；第三，农场的休闲活动。

首先，实际上讨论欧洲乡村餐饮的时候，不是简单地到乡村去吃到绿色的餐饮就可以了，还希望有绿色的生态。除了食材之外，环境是不是悠闲的，是不是还有乡村的美食环境。法国跟中国一样，也是美食大国。它们在乡村餐饮环节的打造方面很值得中国学习，要前面再加上一个"美"，做好乡村美食的概念。

其次，就是不同的活动。法国有制作点心的、狩猎的、探索的、教学的、骑马的、露营的不同类型的农场，为了更好地推广它们，欢迎莅临农场的组织就是很重要的依托。

最后，在乡村住宿这个环节，法国很注重一些既有设施的再利用。在欧洲，有些教堂或者乡村建筑也会有一些破败，他们会有意识地来加以利用。比如在教堂里面进行适当地改造之后，把一些住宿的设施布置进去。把乡村环境比较好的、已经没有人居住的建筑通过一定的方式、手段，把它重新利用起来。我国有很多乡村，房子是空心化的。空心化之后，这些村落如何加以利用，如何变废为宝，如何强调相聚的氛围，非常值得研究。

## 五、意大利乡村旅游发展经验

除了组织资助和政府的干预之外，意大利有两条是值得大家去关注的。第一，根据资源特色把散落的乡村进行主题化的串联。乡村是散落的，就会涉及点和点之间的问题以及怎么吸引人们从这个点到另外一个点去的问题。因为毕竟是有距离，而且距离可能还比较长。这时候要考虑到这些散落的点有没有共同的特性、能不能用一个主题把它们连起来。通过主题把它们串联在一起，让散落的变成一个整合的东西，这个是比较有意义的。就像如何把散落的一颗一颗珍珠，用一条线把它们串起来，单颗珍珠的价值与把它串成项链时候的价值显然是不一样的。这是意大利做得非常棒的地方。欧洲帮助非洲发展旅游时，也有借鉴这种方式，专门做了一个遗迹追踪产品。

第二个做得好的地方，意大利跟很多欧洲的国家，包括一些发达国家，有一个共性，就是它不太注重那种面子上的东西，而是非常注重提供内在、对每个消费者实实在在的价值。比如在罗马城郊一个葡萄园体验过住宿，它对整个环境的营造是下了很多功夫的。但是房间里的电视机在中国早已经不用了。但是在2006年的时候，在欧洲的很多酒店里，这些电视机都是这么小的。其实这也很正常，旅游者到乡村去是休闲的，而不是为了看电视去的。如果这个酒店接待的是外国人，比如主要接待中国人，这个电视可能更加不重要。消费者在整个乡村旅游过程中，消费上不是太关注的东西，就可以少投资，对消费者意义或者价值比较大的东西，则一定要舍得投资。

图 4-1　罗马城外某酒店的院子

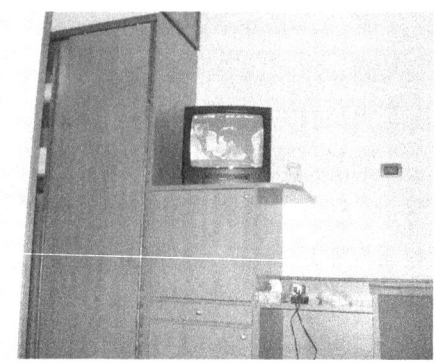

图 4-2　罗马城外某酒店内景

图 4-3　罗马城外某酒店卫生间

就比如这个葡萄园里面酒店的卫生间，有些五星级酒店也未必能做到这个小酒店卫生间的状态。很多乡村发展旅游，就是希望能够通过发展乡村旅游来获得更多收益。乡村自身没有太多的资金，如果资金又不能恰到好处地去使用，好钢不用在刀刃上，那取得的效果跟预期肯定就会有很大差距。在这个意义上，意大利乡村旅游的发展，是好钢用在刀刃上，该省的地方省，该花的地方花，这是很值得我国乡村旅游学习的。

第四讲　乡村旅游：发展与创新

# 第三节　国内乡村旅游的创新

不仅是国外有做得好的，国内也有些地方的乡村旅游也做得不错。其中有些是乡村旅游比较早的地方，有些是乡村旅游所处的区域经济发展发达的地方。

## 一、乡村旅游发展理念创新

一直以来成都是我国乡村旅游的重要的发源地，发展得比较早。也正因为此，从它的生命周期或者发展阶段上来说，可能会提前进入到演变的阶段、蜕变的阶段。在2003年以后，成都农家乐就开始了一些新的变化。随着农家乐的发展、数量的增加、社会知名度的提高，农家乐慢慢地就演变成一些集聚连片发展、能够给城里人提供很好的休闲环境的乡村型开放公园。成都把乡村作为一个整体、一个大的生态休闲空间来打造、作为生态旅游公园来打造。在这个时候，概念就会发生变化。原来乡村中有若干个散落的农家乐的点，发展到一定程度的时候，点在空间上密集之后，就形成相应的新空间的概念，即生态休闲空间的概念。在这个休闲生态空间当中，原有的那些特色将继续保留着，但空间尺度变大了。其次，如果把这个乡村旅游做好了，它的价值空间也会逐渐地被挖掘出来。比如，如果这个地方来的人很少，那么做广告是没有意义的。但如果把这个地方整个作为一个大的生态空间来打造，乡村休闲、乡村度假的人多了，人流量聚集了，这个乡村品牌影响力就上去了。人很少，你只能做花园、特色菜，人多了可以做价值空间。把乡村界定为一个空间的时候，施展创新的可能性也会发生变化，乡村旅游发展就慢慢地变为乡村经济，就不仅仅有生态休闲和旅游，还有其他商业价值的挖掘。因此要关注乡村旅游的空间概念的变化。

## 二、乡村环境改造的创新

在乡村旅游发展过程中，一定会涉及乡村整体环境改造的问题。一个乡村整体环境改造非常有特色的例子，它不是重新搞乡村的规划，而是旧的元素新的组合，在乡村环境改造中，用已有的元素把乡村改造出了一个新的风貌来。已有的元素是这个地方的年画，大家可能知道杨柳青年画、桃花坞年画，实际上中国有四大年画，其中有一个就是绵竹的年画。当然绵竹年画原来都是用传统的方式来运营的，把年画画好，然后卖到全国各地去，甚至漂洋过海，把市场做到国外去。只是很少有人会想，如何用这么好、这么优秀的传统把乡村改造一下。后来四川康辉给他们做了一个年画上墙的策划，就是把年画画到墙上去，整个村子的感觉就不一样了。

各种不同题材的年画的感觉会随着专业化的设计体现出来。任何一个地方，如果游客来了，看了就走，没有停留，那是没有衍生消费的。要想让人留下来就要有能让人们停留下来、住下来的吸引物。比如这个地方有很多东西可以看，一天看不完，旅游者会接着留下来看。如果旅游者晚上住在这个地方，环境让他感觉非常棒，他也愿意住下来。应该说上百年以来，年画一直有，但是从来没有人想过还可以用这个旧的元素，把它放到新的空间当中去进行重新组合，来整体上改变这个地方文化的氛围、休闲的意境。

所以，整个乡村的发展一定要有创新的思想。这就需要能够把在乡村这个盘子上的若干个东西串联在一起，需要有综合的头脑。不是简单地说在白天游客多的时候要搞创新，在某种意义上来说，可能在白天所能够提供的创新的空间远远不如在夜间的创新空间大。因为夜间可以有非常丰富的色彩的设计。可以想象一下，如果《印象刘三姐》是在白天表演，观看的感觉可能会完全不同，对观众的吸引力可能会大大地下降。晚上观看的时候，灯光出来了，同时又把那些有可能会影响欣赏效果的通过夜色全部"隐身了"，所有展现在观众面前的都是能够产生正效应的东西。所以，夜间的创新空间、创意空间可能会更大。

另外，广州增城在这方面也有一些经验，如何把农业的含金量提高，如何把消费者最容易接触到、最容易形成对这个地方形象感知的，优先去做。比如像水边、路边、村边这些东西，这是消费者最容易感知到的，不会影响到消费者对这个地方总体形象感知的，可以慢慢去改造。有些先做、有些后做，最后形成三边整治（水边、路边、村边）、四原保护（原生态、原居民、原民俗、原产权）、五好农业（好吃、好玩、好看、好销、好价）、五园变化（田园、果园、家园、校园、工业园变公园）的模式。

### 三、住宿改造创新

宁波东钱湖风景名胜区里的一个村落，叫沙山村。这个地方就在湖边，它的外部环境非常好的。为了要让旅游、景区、度假区做得更好，习惯上的做法可能让村民搬走，在村子里再搞建设或是搞绿化。但是这个村子在改造的过程中，并没有把原来的村子搬掉、推平，建筑还继续保留在那里，但是把建筑改造成住宿设施。就像之前提到的法国的例子一样，把原来的建筑进行重新的功能规划，进行内部的改造，然后变成一个散落化分布的住宿设施。原来村民戴的斗笠也好，穿的蓑衣也好，农具也好，还在建筑的外墙上继续挂在那儿。原来农民住的房子的木板墙还继续保留着，但是里面的东西全部跟度假消费层次相适应地进行相应的改造，楼梯上进行了包装，或者在隔断上做些处理，等等。我国在乡村旅游发展过程中，为了整体的发展，往往会有改造的概念。但改造并不一定意味着推倒重来。如果真的要推倒重来的话，在一定意义上来说，就是对原有的整个文化机理、历史脉络的破坏。在很多时候，改造本身是可以在维护原有的格局情况下来进行的。

另外，这种改造的方式也是符合城市居民需求的。比如有客观的真实和舞台化的真实之分。比如到民族村寨去，民族村寨这些人就是这么生活的，所有游客看到的东西就是他们日常生活中的一部分，这是客观的真实。现在也有很多民族村寨，旅游者去的时候给你敬酒，或者给你表演，这些东西已经被放到舞台上展现出来。放在舞台上展现，有可能它客观就是这样子的，也有可能是为了迎合消费者的需要而设计出来的。如果是专门为了迎合消费者的需要而设计出来的，尽管也是真情投入进去，也是真实地在表演，但是这个真实只是在舞台上表现出来的真实，是一个舞台化的真实。实际上，有很多城市居民到乡村去，希望能够感受到乡村的东西，但不是真的需要那种原始的乡村住宿。

很多时候，消费者嘴上说的和真的需要的东西是不一样的。比如举个最简单的例子，大家都希望在旅游的过程当中，能够享受到原生态的东西，但是如果真的原生态的东西交给我们去用的时候，或者把我们放到原生态环境当中去的时候，却又觉得这个东西不是自己想要的。对于乡村住宿来说也是一样。如果住当地的乡村老百姓原来住的这些设施，旅游者可能会接受不了，最受不了的就可能是卫生设施。所以，外在的可能是需要乡村的，内在的生活品质可能是需要城市化的。既然外在是乡村的，那就把外在的保留下来，内在的需要城市品质的，那就对内部进行适当地改造。旧村改造的过程中，需要尽量减少大拆大建，乡村旅游要尽量采用微改造微更新的方式。餐饮的优化也是同样的道理，尽量做到精提升、优环境、品质化、生态性。

### 四、娱乐创新实例

这个娱乐，可能不是纯粹的娱乐，而是把娱乐和人们到乡村消费中的其他的一些环节做一些结合。比如图4-4是到百花山途中的一个餐馆，它用了很多中国乡村的元素。当这些乡村元素在这个空间中聚集的时候，聚集本身就能够形成一个景，让人们在这里面观赏、参与。另外一个方面，如果说乡村的餐饮很受人欢迎，就有可能需要等待排号。那如何让排队排号做出一个变化，就像为什么很多人喜欢到海底捞去吃火锅，除了火锅本身好、服务到位之外，在那里排队时还可以享受到很多免费的东西，包括女生喜欢的化妆、美甲之类的。到乡村旅游吃饭等待的时候，外面有这么多元素，你可以先放松一下，然后再来吃，等待就不那么枯燥了。

图4-4 门头沟某乡村旅游点

再者，城里人到乡村去，除了休闲之外，也有很多城市人是希望让孩子能够对乡村有认识。因为很多城里人其实也来自于乡村，但是要对下一代进行乡村教育的时候，单纯的叙述和把孩子带到这个地方去，让他真正地看到这些乡村元素，对乡村记忆的教育和传承的效果也是不一样的。因此，可以把娱乐的、餐饮的、乡村记忆传承的这些因素都很好地整合在一起。

### 五、乡村垃圾桶的创新实例

还有一个例子，是江西一个景区的垃圾桶，这也是在很多乡村旅游发展的过程中可以去考虑借鉴的。只不过这个景区还可以把垃圾桶做得更加精致一些，既有乡村性，又显得更加精致。这里很多垃圾桶宣传的口号和上面写的字都是不太一样的，如"向你们致敬，具有环保意识及身体力行的人士"，有很多人会把垃圾随地乱扔，这样的宣传语可以引导游客更愿意把垃圾扔到垃圾桶里面去。

图4-5　江西某景点垃圾桶及文字（1）

图4-6　江西某景点垃圾桶及文字（2）

有些人可能会扔垃圾，但是未必会走到垃圾桶边上去扔，所以往往是垃圾桶边上会掉很多垃圾，如果有一些很有意思的话，就能吸引大家把垃圾真正扔到垃圾桶里去。

图4-7　江西某景点垃圾桶及文字（3）

比如把垃圾扔进垃圾桶看作一个年轻人喜欢的投篮运动，打篮球，你扔不进去的话，你要再来一次。当然看到这些有意思的垃圾桶，就能想到这是一个什么样的景区，它所瞄准的是什么样的市场人群。其实它是华东地区很有吸引力、有挑战性的专业溯溪运动基地。去做这种的户外运动，大多数情况下都是年轻人。所以它的每一个垃圾桶写的字，都是应该比较符合年轻人的话语体系的，而不是刻板地说教"你要把垃圾扔到垃圾桶里面去"。

## 第四节　乡村旅游的营销问题

### 一、明确细分市场范围

无论是国外的市场也好，或者国内的城市市场也好，往往会忽略掉乡村旅游的主体，或者说离乡村最近的那部分消费人群，就是乡村居民。农村的旅游潜力和乡村旅游之间的衔接有很多地方做得并不是很到位。在安徽阜阳有一个地方叫八里河，这个地方是全球的生态500佳之一。这个地方建了很多微缩景观，现在已经建了多期。但是很有意思的是，尽管最初它的质量并不精致，但是很受人们的欢迎，市场的反响非常好，所以他们后续搞了第二期、第三期。到那里去消费的人有很大程度上就是周边的乡村居民，他们没有钱到北京看世界公园，也没有钱到深圳去看世界之窗。但安徽本身也是人口非常密集的一个区域，阜阳也是一个人口输出非常大的区域，腹地人口是非常庞大的。但是当地绝大多数乡村居民的消费能力不足以让他到更远的地方去旅游。这个微缩景观正好解决了问题，后续开发的精致程度会发展变化，知名度也提高了，可能周边的城市人群也会来。再围绕这个地方的生态，做一些城里人非常喜欢的生态休闲度假的文章，慢慢这个地方就发展起来了，形成了良好的市场氛围。

## 二、整合资源塑造概念

要用市场概念来带动产品的销售。有很多时候习惯说这个地方有什么资源，这个资源能够生产、包装什么样的产品，然后再把这个产品拿到市场上去销售。当然这是一种方式，这种方式本身没有错。但是一定要考虑到，在现在竞争非常激烈的环境中，仅仅围绕资源去生产产品、去销售产品，可能不是最好的方式。平常说这个人太忽悠，是贬义词。但是在市场中，如果把忽悠这个词稍微转变一下，把它转到概念上，就是努力在市场上形成一个概念。比如承德，这是皇家的避暑山庄。到三亚去，那是天涯海角。三亚不是真的天涯海角，但是大家讲到天涯海角，就会想到三亚。再比如香格里拉，香格里拉是个大的区域，四川也有、云南也有、西藏也有，大多数人没有去过。但是没有去过的人未必对香格里拉不向往，在向往香格里拉的时候，香格里拉在脑海中可能也没有详细的信息，香格里拉究竟什么样子的可能未必明确。大家只知道香格里拉是世外桃源，是很好的一个地方，这就是概念。有这个概念，然后围绕着香格里拉地区的山做一个旅游产品，在香格里拉地区的民族村寨做一个产品，也可以做一个转山的线路产品，等等，可以做出很多相关产品来。但是如果人们根本就不知道香格里拉，在脑海中没有香格里拉这个概念的时候，直接告诉他，这里有转山的线路，这里有寺庙、有民族村寨，这就不好卖。所以，如果能够利用已有的资源，对资源本身内涵进行挖掘，在市场中塑造出某个概念来。这个概念就像一把伞，在概念形成之后，在伞下面再放上一点骨架，把这个伞更好地撑起来，这样做市场就更容易。

### 三、借助网络数据营销，借助公益免费营销

需要借助网络数据营销。因为没有资金，需要找到省钱的方式去做营销，最好是能够找到不花钱的方式去做营销。不花钱的方式就是如何借助公益免费的营销渠道去推广产品。这包括类似中央七套的信息扶贫模式，以及很多非政府组织的资源。其实在香格里拉地区的村寨旅游的发展，各个规划机构的跟进、政府政策的支持之前，做出最大贡献的，其实应该是一些非政府组织。2002年去的时候，在很多很偏僻的村寨，都有这些非政府组织的足迹。它们帮助村寨来规划、来改善，然后来做市场的嫁接，包括它们所提供的志愿者旅游等。当然这里也要注意这其中也会有一些敌对势力的渗透问题。总之，市场中有很多这样公益免费的渠道可以去借来作营销推广。

### 四、选择对象有效营销，多种方式相机选择

要考虑到合适的对象，有针对性地去营销。乡村旅游瞄准旅行社、自驾车俱乐部、户外休闲俱乐部还是瞄准其他的各种中间商，要找到合适的对象。如果要去投放宣传的时候，要找到合适的投放的对象，应该在电视上、报纸上或者其他地方去做广告。如果要在电视上做广告，应该在什么频道上做广告；要在电视上插播，应该在什么节目当中去插播，这些都需要去选择和比较。比如，要注意情感上的反应会影响到这个广告信息的接收和对广告的看法。做电视广告时，不是哪个栏目受欢迎就可以去做广告，要考虑到人们在看这个节目时的情绪状态什么样的。这个情绪状态会对信息的吸收产生相应的影响。所以，投放广告时，需要考虑到，如果节目会让观众情绪消极或悲观，则即便它很受关注也不一定是好的广告机会。另外，像北京，其实有很多自行车骑行的俱乐部，也有很多徒步穿越的俱乐部，很多人到周末就去参加这样的俱乐部徒步穿越去。对于乡村旅游来说，这也是一个很好的"吆喝"的对象。总之，要根据实际情况，相机地去选择，要么搞活动，要么搞影视，要么搞其他的营销活动，要以效能为指针进行乡村旅游营销的创新。

# 第五讲
# 旅游目的地：发展框架和基本思路

下面会分成这么几个方面的内容来介绍，第一，从不同的维度角度来思考，应该涉及哪些具体的问题或者哪些主要的问题？第二，在旅游目的地的发展过程中，它主要遵循哪些路径来发展？另外，这些核心的问题之外，还有哪些是在旅游目的地的发展过程中比较重要的、值得去关注的一些相关问题以及在创新过程中需要把握的一些基本原则？

## 第一节　四个基本角度

作为旅游目的地发展的主要问题，可以从两个维度来思考，一个维度是遵循什么东西、可以生产什么东西、可以出售什么东西，从资源、产品、营销、定位的角度来看，任何一个旅游目的地在旅游发展的过程中会涉及很多具体的问题，其中最核心的是，需要进行资源梳理，需要有明确的发展定位，需要确定旅游目的地的主打产品，需要有合理的市场营销，需要科学有效的市场营销的策划和安排。任何一个旅游目的地千头万绪的工作，都要从最核心的这四个方面来展开。

### 一、资源梳理

第一个方面，涉及资源梳理的时候，首先需要明确，既然是资源梳理，那什么是资源？究竟是景区还是环境？在发展观光的时候，可能景区比较重要；发展休闲度假的时候，可能环境比较重要；如果强调看一些具象的景观的时候，当然景区重要；强调有感染力的、能够让旅游者沉醉其中的环境的时候，那在这个发展过程中，需要更多强调的是自然的、人文的、整体的环境，有时候也包括社会环境。所以说首先需要明确资源究竟是什么。围绕着传统的资源所形成的景区很重要，尤其是那些标志性的景区，人们到一个目的地去，只要去看的那些景区是必到的、必玩的，那就是标志性的。在某种意义上来说，它又不是最重要的，因为现在在整个旅游大环境中，旅游者会更多地强调自己是来悠闲地度过闲暇时间的，时间的消磨是最重要的，而不见得一定要看到那些具有震撼力的景观。因此，资源不仅仅是景区，同时应该包括环境。

第二个方面，在资源梳理的过程中，肯定会有很多种类型的、不同数量的资源需要进行遴选，这时候就需要去判断什么是有价值的资源，要进行梳理。通常要把那些价值较高的资源和价值较低的资源区分开来，要找到那些最具有价值的资源，资源梳理工作才能真正地完成或者有意义。因此就需要明确，资源价值的判断不是简单地去看这种资源本身是不是唯一、是不是具有垄断性，而是要去看这种唯一的、垄断性的资源与市场的需求是否相匹配。有些时候，资源确实是唯一的，但不是市场所需要的。在这种情况下，这种资源对旅游目的地的发展来说是没有价值的。所以一定要明确，所有的资源都要跟市场需求去对接的时候才能判断它的价值，反过来说，只要是市场所需要的某个资源，它就有可能是有价值的资源，而且这个有价值的资源，未必是具有震撼效果的资源。很多资源可能并不像兵马俑、长城那样具有震撼力，但环境很好，也成为有价值的资源。因此有价值的资源未必一定具有震撼的效果。

第三个需要把握的是，资源的价值并不是单纯从单体的资源上衍生出来的，它需要进行综合的判断，跟若干个要素进行匹配之后，才能真正产生它市场的价值。所以需要有个综合的理念。资源需要跟可进入性去衔接，需要跟目的地所处地区的区域经济背景做衔接，把这些东西匹配到一起，资源的价值才能真正地发挥出来，才能真正地成为被市场所接受的资源。因此，在资源梳理的过程中，有两点是一定要把握的：一是类型上需要重新调整；二是所有的价值判断需要考虑到这个资源是要拿到市场上去的，就一定要跟市场需求做衔接。

## 二、发展定位

从旅游目的地的视角来看，资源判断的不同对旅游目的地的发展定位、界定也可能不同，究竟是要发展传统的观光旅游目的地还是要发展休闲度假地？如果是观光旅游目的地的时候，它应该具有什么？如果是休闲度假地的时候，又应该具有什么？我国在旅游经济发展的过程中，大家都会考虑到不同的旅游发展阶段人们的需求变化。以前旅游时，大多数人是为了要到此一游，这是观光旅游。如果市场需求是观光旅游时，那在市场中，真正对旅游者具有观光价值的那些资源，肯定是优先进入市场的。我国旅游发展这么多年，真正具有价值的或者顶级的观光资源差不多都已经进入市场。所以现在新兴旅游目的地再要发展，很少会具有哪些顶级的观光资源，它们如果还围绕着传统的观光旅游目的地来作为自己的发展定位，可能会发现目的地的资源禀赋不匹配，这就需要找到一条差异化发展的道路。现在这个时代，已经达到休闲资源价值开始凸现的阶段。一个目的地虽然没有顶级的观光旅游，但可能有比较好的休闲度假资源，而现在新的发展阶段，它可能会发展得很好。研究显示，人均 GDP 达到 3000 美元以上，3000~5000 美元的时候是休闲旅游消费快速发展的一个时期，现在人均 GDP 已经超过 10 000 美元了，像北京、上海这样的地方，已经远远超过这个水平了。这个时候，休闲度假的资源价值就可以得到释放，有需求作为支撑，更多新的旅游目的地进入市场就需要围绕着休闲度假来展开，这是第一个方面。

第二个方面，涉及的是作为一个国际性的目的地还是作为一个区域性的目的地的问题。无论是休闲也好、度假也好、观光也好，都涉及这个问题，国际性的、全球化的？还是区域性的、地方性的？这个选择可能需要考虑到前面所述乡村旅游发展的时候，曾经提到过人们的消费理念是怎么样的变化，交通条件是怎么样的变化，人们的购买方式怎么样变化，这些变化又对人们的旅游方式会产生什么影响。之前也提过微旅游的概念，实际上微旅游这个概念是对旅游目的地在发展定位的过程中，应该瞄准什么样的市场的时候产生出来的一个概念。随着越来越多的近距离、多频次的微旅游的出现，越来越多的旅游目的地应该考虑把自己定位成一个区域性的目的地，而不是一味地求高求大，一味地要做一个国际性的目的地。在城市规划、城市定位的过程中，有多少个城市把自己定位成国际性的城市,又究竟有多少个地方能够成为一个国际化的城市?规划最终是要落地的。所以一个旅游目的地不要太多地去讲面子,一定要脚踏实地,真正抓到那些能够抓到的市场。

以周边游为例,在微旅游发展的过程中,就可能会涉及如何去抓好最典型的,也可能最能够抓到的那部分周边游的市场。当然,周边游市场也有一些问题需要回答,比如周边到底有多远,多远算周边?10公里?100公里?还是300公里?周边游需要一个明确的概念,需要考虑的是时间的距离,而不是简单的空间距离。接下来需要考虑的是周边游的市场它来干什么,想到周边游的这些人都是崇尚清闲的人,尤其是经过一个周期的工作之后,希望能够放松自己,才到周边去休闲消费。所以,周边游主要瞄准的显然是休闲度假,跟上述度假的定位、旅游目的地的定位应该是吻合的。另外,作为周边游的一个旅游目的地来说,显然是希望人们到这个地方来花更多的钱,希望让人们来花钱,就需要在这个市场上花心思,如果不花心思、不对这个市场进行研究、不对他们偏好进行分析,就不可能提供出能够满足他们需要的产品来,也就不可能挣钱。那么这些心思应该花在哪些地方呢?这些心思首先需要在"精"字上做文章,设计上要精心地设计,服务上要精致地服务,环境要精美的环境,主题要精准的主题,在整个市场的组织上来说,需要精确的组织。周边游相对其他的消费并不是很高的,如果说不在上述这些方面上下功夫的话,要想提高旅游者单次消费的概率是很低的。反过来,就整个市场来说,单次消费、平均消费可能比较低,但是在这几个层面上做精了,就可以有大把的消费,且可能在这边停留下来。

此外,周边游在大和小之间也需要采取不同的策略。如果周边游市场要做大众市场,那目的地一定要做大,一定要以量去扩大影响,需要强调规模效应。当然,一个旅游目的地如果强调规模效应,那对那些小众市场是会有挤出效应的,如果推向市场的是大众的产品,那消费比较高的那部分群体就会被挤压出去。所以说,在旅游目的地做周边游市场时,同样会涉及一个分区的问题,就是哪些空间主要是做大众市场的、哪些空间可以去做小众市场?推向小众市场的不是那些大多数人都去的景点,而是像藏私房钱一样,比较隐蔽的、不是人人都知道的地方。小众市场需要有一些私房的景点、私房的餐饮、私房的住宿。如果想让大众的市场和小众的市场混在一起,就很难做到高端旅游。

## 第五讲 旅游目的地：发展框架和基本思路

混众的旅行不是分众的旅行，大众和小众、做大和做深需要做一些改变，需要做一些取舍。例如说到私房景点的时候，就不是简单地自己去看，也不是随便找一个导游来讲，而是对这个私房景点比较有研究的人，或者是这个景点的主人，或者是房子的主人来介绍，那跟普通的导游显然是不一样的。

第三个方面，从产业上来说，周边游可能需要有资源的整合、需要能够形成产业链，或者说要做一些大的综合体，对那些临时性的需求需要一个相应的机制，对那些沉睡的供给也需要有一个如何进行协调的问题、如何发挥它们作用的问题，尤其是需要发挥那些传统的地方性企业的价值。比如，现在有这么多旅游是通过在线、电子商务的方式、互联网的方式来实现的，但是最终购买这个产品、到达旅游目的地在地消费的时候，这些在线企业自身是很难去做到的。虽然已经有一些在线企业开始做这部分供给，但是多数情况下，旅游者通过在线的方式购买了这个产品，到了旅游目的地之后，真的要去消费的时候，还是需要依靠那些落地的地方性企业来提供服务的。实际上，现在市场中有很多这样沉睡着的供给，它们渴望找到需求，它们的生存状态并不好，通过周边游这个市场可能把这些传统的地方企业的价值发掘出来。如果去看携程的一些策略演变会发现，携程除了收购那些线上的企业，除了自己布置一些新生力量去做一些目的地的供给配套之外，也花很多精力在地方收购一些企业，来建立它的地面接待体系。很多在线旅游企业在一段时间内曾经做的主要工作就是地面服务部门的组建，就使很多沉睡性供给的价值可以得到发挥。因此，需要考虑临时性需求来了之后，跟沉睡供给怎么去匹配的问题、这个价值怎么去发挥的问题。当然做周边游还需要考虑到土地政策本身也在调整的过程中，城市中会有越来越多第二居所的需求，这就是很多人的家园梦。但是大多数人是不可能实现家园梦想的。在现实环境中，可能有一个家，在城市里买一套房，但是要做到园就可能比较难。如果周边的乡村旅游发展做调整，农村土地政策做调整，那就有可能会实现人们的家园梦想，就是有第二居所。

另外，在周边游市场开发的过程当中，需要重新考虑重复性消费满足的难题、周边游短时消费满足的问题、周边游消费深化的问题、周边游动机模式适应的问题。例如家庭的出游是休闲的出游，还是基于健康的，或者是想到大自然中去的出游，他们的动机应该怎么来适应、他们的行为模式应该怎么来适应、应该怎么来组合自由行、乡村游、主题深化等。每一个人到乡村去的行为模式都可能不一样，会有各种各样不同的行为模式，这时候需要考虑如何进行有效的组合来对这些行为模式进行适应、匹配。

任何旅游目的地的发展，不管是国际的还是国内的，或者说是区域的还是地方的，都需要对自身在整个市场体系中、每个细分市场在整个市场结构中的地位也要有一个定位。比如这个市场究竟是基础的市场，还是需要重点去把握的市场，或者可能是辐射的市场，或者是外延的市场。我国14亿人的人口，不是真的有14亿的市场，这14亿人口并不是对每个企业都适用，不都对每个企业所生产的产品都适用。所以对市场本身需要有定位，在多少的空间范围内、半径距离范围内是基础市场，通过努力增加便利性之后，它有可能成为重点市场。有些游客来了当然欢迎，但可能没有必要专门为这个市场去投入营销的精力、投入经费去营销推广。究竟是外延的、基础的、重点的还是辐射的市场，需要有一个整体的判断。

第四个方面，需要考虑大众和高端的问题。大众需要做大，小众需要做深，但并不是说只做大众的，或者只做高端的。在旅游发展的过程中，一定要把生物学中共生系统的概念引进来，大众市场、中端市场、高端市场都是可以在同一个旅游目的地去做的，只不过在具体的操作过程中，需要分层去应对，针对不同的市场要有不一样的目标定位。大众市场需要做什么产品，高端市场需要做什么产品，中端市场对目的地的利益诉求又是什么，这些都需要有一个明确的分层应对、分层来确定目标。

大众市场显然规模很大，规模很容易集聚人气。高端市场虽然单体、单客的消费力很强，但它总量比较有限，希望通过高端市场的发展来把整个旅游目的地的经济带动起来不现实，但是通过高端产品可在市场上树立起一个比较好的市场形象来。做市场概念的时候，高端市场对目的地有比较大的作用，是能够带来效益的、规模较大、消费能力较强的中端市场。旅游学理论中普洛格模型是一条正态分布的曲线，任何旅游目的地对那些冒险型的旅游者、近冒险型旅游者欢迎，但这不是它的主流，依赖型、近依赖型的是单客消费能力比较差的群体，虽然规模会很大，但不是旅游目的地所需要的，目的地最需要的其实是中间拱起来的那部分中间型的消费者。

所以在旅游发展的过程中，这三种人群是需要关注的。比如旅游目的地一定要关注冒险型旅游者，因为旅游目的地能够进入市场，跟这些冒险型旅游者对这个目的地的发现有密切的关系。现在很多旅游目的地的出现或者在市场中引起关注，是因为有很多驴友到那个地方去，驴友往往就是冒险型的旅游者。大众的市场发展到一定程度的时候，则需要依靠自发性的增长，因为这样的大众市场不是越多越好。

中高端的市场，则因为它的单客消费能力比较强，各个目的地可能都会瞄准这个市场，因此可能需要通过更多的营销努力去推动它的发展，获得竞争性的增长。可见，这两个市场有不同的定位，有不同的应对手段和方法。

## 三、主打产品

所有的旅游目的地主要做的工作都涉及产品，他们会提出来能不能在旅游规划文本里面设计一些旅游线路。从旅游发展的趋势来说，现在的旅游目的地更多的不是要做那些实实在在的产品，尤其不是那些旅游主管部门或者旅游部门来做这些实实在在的产品。旅游目的地应该做什么呢？旅游目的地不是具体产品的生产，而是需要为具体产品的生产来提供一个舞台，旅游目的地作为一个空间来说，它最大的空间价值不是体现在产品上，而是体现在空间的平台价值上。以手机的演变为例，为什么苹果手机突然能火起来？苹果手机不是被当成一个简单的手机来卖、来生产、来推向市场的。而是因为它有苹果商店，苹果商店上有丰富多样的应用是人们的生活中所需要的。那在苹果商店里面卖的这些产品，是不是苹果自己生产出来的？不是。它只是搭建一个平台，让这些应用到社区里面去，让买手机的消费者可以在这个苹果商店社区里面找到他们所需要的东西。这个时候，苹果就不是手机，而是一个平台。淘宝、阿里巴巴、去哪儿网也是一样，它自己没有生产。作为旅游目的地来说，也是一样。所以第一要考虑到如何去做平台的问题。当然这个平台本身的搭建，可以由政府来搭建，也可以由市场来搭建。比如悉尼的岩石区市场和布里斯班黄金海岸的海滨市场，这些市场最核心的特点就是平台化功能。在旅游目的地发展过程中，要想提高旅游购物比重，让旅游购物做得更好，可以考虑欧洲购物村集团的模式，可以通过它的品牌来把平台搭建好，把这些类似奢侈品的东西引入进来。

购物村的模式有很多很好的服务的设计，包括"购物与丢下"的制度设计，这种服务的设计是游客买了东西之后，不用提着东西一直转，解放了顾客的双手。

再就是究竟应该做观光还是做休闲？对这个问题的回答，大多数人都会说休闲。不过休闲本身也有很多具体的产品可以做，比如城市徒步的、背包旅行的、自驾旅游的、特色悠闲的，还有一系列创新性的休闲产品。这里面可能就会产生一个问题，如果去提供这些休闲产品，有没有想到消费者真正来消费的时候会面临着哪些问题？实际上，很多旅游目的地做休闲产品的时候没有考虑到这一点。

例如自行车骑行这个产品，这是最简单的。现在有很多城市、很多旅游目的地都在大规模地投入做旅游绿道的建设，希望能够把自行车骑行这个产品做起来，但是与自行车骑行产品背后有关的一系列配套服务基本上没有跟上，骑行的地图、骑行中间休息的驿站、骑行途中厕所的配置、骑行途中简易的淋浴设施、骑行寄存服务等一系列配套设施不够完善。因为旅游者要去休闲性的骑行，不能将整个行李全部背着、驮着。旅游者第一次到这个地方来旅游，不知道骑行路线怎么样的时候，目的地有没有类似APP、骑行地图？有没有3公里的骑行、5公里的骑行、10公里的骑行这类不同路程的路线规划设计，骑累了，想休息、想淋浴，有没有这样的服务？比如自驾游过程中一个很重要的场景化产品，那就是都会听交通台，比如北京的103.9。但是现实中会发现，如果从北京自驾要开到河北，然后要开到山西，出了北京103.9就不起作用了，但是所经其他目的地的交通台是什么就不知道了。可以想象技术上有没有可能实现频道的自动切换或者频道提醒，如果有可能的话，人们在这个旅行的过程中，交通的信息就可以全掌握。在这个过程中，旅游部门可跟工信部门、广电部门合作，隔一段时间对有关自驾信息进行推送。从现在的技术手段来说，可以监测到旅游者是不是已经进入到某个空间了，那要推送跟这个地方直接有关系的信息是完全可以做的。

随着人们旅游需求不断地释放，未来的旅游创业的空间是非常大的，有太多的旅游需求未得到满足。在人们旅游的过程中，整个旅游链条中，有哪个环节？旅游前、旅游中、旅游后有哪个环节是有空隙的？用互联网的方式把它填进去可不可以？这些都是旅游创业可以抓住的空隙。当然还会涉及在主打产品打造过程中，如何把散落的珍珠串成项链？选择什么样的媒介？水道也好，街巷也好，交通也好，或者一些文化的主题也好，都可用来整合。

把散落的珍珠串成一个项链，实际上涉及如何把产业点和整个产业链条打造更好地衔接在一起。以休闲度假为例，整个休闲产业链条的打造应该包括下列几个方面的内容，比如如何吸引人们到这个地方来休闲度假，这是一个吸引链条的问题。吸引力包括的休闲度假的环境，包括休闲度假的高尔夫球、温泉这些设施，包括一些美食、采摘，或者一些旅游的休闲主题小镇，这些都是具体的吸引链条的构成。除了吸引链条之外，可能还需要有各种各样的休闲服务的业态，需要有产业来支撑，这样整个服务配套才能完善。这就会涉及配套链条的问题，它将包括各种休闲业态的嵌入，比如露营地、酒吧、画廊、咖啡吧等。如果说想延长游客的停留时间，需要有相关的关联产业来延伸拓展，满足需求，变现价值，包括文体医疗、会展节事。这一整套产业链条的展开，需求链、服务链、供给链、价值链的问题就有序构建出来了。

### 四、市场营销

旅游目的地发展的核心问题自然少不了市场营销。但问题是，如果要做市场营销，首先需要知道市场究竟在哪里，哪一个是重要的市场组成部分？或者说可能会成为潜力市场、目标市场？传统上有很多种市场调查的方法去了解市场的状态，然后来确定哪一部分作为需要去挖掘的市场。其实在现代先进技术支撑的情况下，了解市场未必一定要通过传统的市场调查的方式，完全可以借助互联网的网络搜索的痕迹、通过消费者在网络上分享的旅游体验、通过在线评论等来获取更多的旅游者有关的信息。因此，市场在哪里？市场在营销人员敲键盘的手头上。如何利用键盘、如何利用互联网就决定着如何去获取市场有关的信息。当然最终要去开拓哪个市场或者要放弃哪个市场，还要由企业的领导来决定的。所以，一个方面营销在领导的头脑里，另外一个方面则在营销人员的指头上，后面会做详细论述。

除了上述获取信息的方式需要做调整之外，第二个需要调整的是市场的对象。如果市场营销的目标对象只是界定为真正来到这个旅游目的地来消费旅游产品、购买旅游产品的最终消费者的话，那就只是关注到市场营销当中的市场而已。除了消费市场之外，还需要给这些消费者创造体验，让这个旅游目的地的魅力、吸引力释放出来。

## 第二节　五个基本问题

### 一、旅游容量问题

一个旅游目的地究竟接待多少游客量合适？由什么决定旅游目的地容量，或者由什么因素决定景区的容量，这些会涉及容量决定因素或者影响因素理解的问题。旅游目的地在发展过程中，旅游目的地也好、旅游景区也好，都会计算出一个容量数值来。假设到九寨沟去旅游的时候，九寨沟旅游的核心景区每天接待多少游客会有一个数值。那这个数值究竟如何看待它？它是真正在旅游目的地或者旅游景区管理的过程中，就以这个数为一个绝对值？到这个数值就不允许人进去了？还是这个数值是在进行景区可持续发展管理过程中的一种方式方法？所以容量管理究竟是方式还是内容？这一定要把它区分清楚，因为在社会发展的过程中，有太多把手段和目的颠倒、把内容和方法颠倒的现象。如果不是为了纯粹地把人数控制在某个数值，而是希望通过它的确定来促进整个旅游目的地、旅游景区在发展过程中的可持续的话，那目标是让它可持续的话，就需要进一步考虑，除了这个资源的承载力是不是超过它的承载力范围之外，还需要考虑到有哪些因素在影响着这个数值本身的变动。包括需要考虑到使用方式的问题，需要考虑到时空分布的问题，需要考虑到游客本身的环境意识的问题，甚至有些特色旅游目的地还需要考虑到游客的技能、所处的发展阶段、景区管理过程中制度执行力度问题。

比如一个自然成长起来的草坪是旅游景区，可以想象一下，人们到这个景区去，如果说他们进去就是躺在草坪上看书，这是一种利用的方式。人们进去跳舞又是一种利用的方式，躺在草坪上看书和到草坪上去跳舞，对于这个草坪所产生的破坏是不一样的，这显然是跟利用方式有关系，不同的利用方式对于资源产生的压力、产生的影响是不一样的。再进一步假设，假设这些人都是进去跳舞的，那跳舞的时候，人们在这个操场中的空间分布是不一样的，可以分散在整个操场不同的空间中去跳,也可以集中在一个地方去跳。很显然,集中在一个地方跳舞的话估计草坪应该踩没了。如果分散到这个大草坪上去跳舞的话,破坏程度一定会小很多。所以,即便都是同一种方式,在空间分布不一样,产生的破坏也不一样。再进一步假设,集中在一个特定的空间当中跳舞,跳十分钟和跳一百分钟,产生的破坏当然是不一样的,这是时间问题。而具体到旅游景区中也是一样,不是每个人到旅游景区去旅游的时候,在旅游景区停留的时间都是从开门进去到关门出来的,有些人会在景区里面待很长时间,有些人可能十分钟、二十分钟出来,或者一个小时、两个小时就出来了,而有些人可能会待到八个小时,时间上不一样,对整个景区产生的环境压力也不一样。再更进一步假设,都集中在一个地方跳舞,而且跳的时间都是一百分钟,产生的破坏也可能是不一样的,因为每个人的环保意识是不一样的,打个比喻,有一些人进去跳舞,他可能穿着跳踢踏舞的舞鞋进去跳舞的,有些人进去跳舞,他知道对这个草坪会有破坏,可能穿着软底鞋进去跳舞的,鞋不一样,代表着人们对这个环境保护意识不一样,产生的破坏当然也会不一样。正因如此,可以看到,有很多老的旅游景区会不断地拓展、挖掘新的游览的空间,希望能够开辟新的景区,把游客吸引到新开辟的空间当中去,让游客在整个景区空间中能够尽量均衡地分布,从而减少对景区环境的压力。

当然,再具体到一些特定类型景区的时候还会发现,比如游客技能、发展阶段和管理状况的问题,也会影响到具体的容量数值。假设你出去滑雪,第一次站到滑道上去滑雪的时候,和你滑了一天、滑了七天之后,这个状态显然是不一样的。对滑道拥挤的接受程度或者对滑道上游客数量的接受程度显然也是不一样的。如果你是第一次去滑雪,希望这个滑道上只有你一个人是最好的,因为你不会滑,你怕撞到别人,你也怕别人撞到你。如果你滑了一天之后,平衡力比较好了,基本上你从滑道顶端滑到滑道底端,直直地滑下来没有问题,这时只要在你的行进路线上没有人就可以了。但是如果你滑了七天之后,技能会有很大的提升,这时候可能曲里拐弯都没有问题,人多了反而能显示出你的技能、技术来,可见,滑雪场的容量跟游客的技能是有密切的关系的,跟旅游者自身的能力有关系。

还有可能跟发展阶段有关。旅游目的地在发展的过程中,会涉及生命周期。在不同的生命周期当中,游客、市场对处于某个特定生命周期中旅游目的地所可以提供利益的预期是不一样的。如果一个旅游目的地是刚进入市场，开发初期生态保护得比较好，无论是自然人文的生态都是保持原有状态的，这个时候一般会希望到这个地方去旅游的人要少一些，喜欢享受自然生态，喜欢享受原生态。如果这个地方已经发展到一定程度了，处于发展阶段，对它的预期可能就不会希望它是原生态的。因为它已经发展了很长一段时间了，生态肯定会有退化，因此就希望它是保持着半生态的。如果再往后发展，到成熟阶段的时候，可能会把它当作一个城市公园来看待，就没有那种原生态、半生态的预期了，是一个环境比较好的城市公园。在不同的阶段，旅游者的预期不一样，他可以接受的景区中游客的数量也是不一样的。城市公园拥挤一点没关系，原生态的景区则是希望除了我之外，没有别人。

最后一个方面，就涉及管理状况，即以什么样的方式来管理。很多时候拥挤会让人产生不安全的感觉，但是拥挤不一定就会必然产生不安全的感觉。人们生活当中肯定会有体验，如果到人群拥挤的地方去的时候会下意识地想着自己的钱包或贵重物品可能会被小偷掏走。也就是说拥挤程度对安全会有一个不同的判断和影响。但如果去那个拥挤的地方之前得到一个信息，当地管理部门为了在拥挤的状态下让人们能够放心地游览，已经加强了管理，比如部署了很多反扒的便衣警察，这种管理状况发生变化之后，对安全的判断显然是不一样的。

再比如说，有些人喜欢去旅行的地方比较动荡或不安全，如果到这些地方去旅行的时候，当地专门配置了旅游警察，那他们就会想到在这个环境中碰到安全问题的概率由于有大量的旅游警察的存在会大大地降低，那他们对安全的感知也会发生变化。

再比如，中国人总体来说，是一个比较讲人情的国家，在管理的过程当中，也会受到人情世故的影响。假设有一个景区有一个一百多人的团来了，然后在这个团到来之前，景区已接近容量规定数值，只能允许一部分团队成员进去，那这个时候怎么办？完全实施了预约制还好，如果没有预约的话，就很麻烦，如果这个团里只有少数几个人可以进去旅游，这显然不现实。当然，在现实的运营过程当中，管理的严格程度也会影响到这个容量最终数值是不是真的可以得到切实地落实和贯彻。所以，涉及生态旅游，涉及容量管理的时候，对这几个方面的影响因素是需要去关注的。

## 二、生态保护与旅游经济发展问题

涉及生态保护与旅游经济发展，一定要考虑到可持续发展和生态旅游之间的关系。之所以要推动生态旅游的发展，在某种意义上来说，还是有可持续发展的理念在这里面起作用、产生影响，它本身的目标是为了维护可持续发展。但是可持续发展本身也需要从两个角度来理解。

第一，如果一分为二，可持续发展是由发展和可持续两个词构成的，在追求可持续和发展之间的协调的前提下，这两个词究竟是可持续重要还是发展重要？在不同的地区、旅游目的地，很可能判断的结果是不一样的。如果这个地方连饭都吃不饱、衣服都没得穿，谈可持续是不切实际的。对这些地区来说，发展才是硬道理，有饭吃、有衣穿才是最重要的。对这些地区来说，它的可持续发展的侧重点应该在发展上，或者打通可持续与发展之间的通道，让绿水青山转化为金山银山。

当然也有很多地区，它是发达地区或者发达国家，不存在着温饱的问题，在这时候，它更多地应该立足于长远的发展，可持续可能是它最关注的重点。所以说可持续发展这个词，听起来是一个词，但是在不同的目的地上，它的侧重点是不一样的，要尽量避免奢侈的环保主义。

第二，讲可持续发展的时候，绝对不只是生态系统的可持续发展问题，不只关注这个生态系统、生物的多样性怎么来维护，生态系统整体性、承载力怎么来确定，以及在这个承载力范围之内发展旅游经济。任何可持续发展都需要有三个方面来构成，首先需要有生态系统，这是发展生态旅游最基础的依托。但任何生态系统都会跟人有关系，包括人们所说的靠山吃山之类的，在生态系统当中往往有人在活动。所以，除了考虑生态之外，还需要考虑人，需要考虑人群的问题，需要考虑到社会性的问题。在旅游发展的过程当中，在利用生态发展旅游、发展经济的过程中，是不是要让这个生态系统中的人能够有社会的流动性？能够受益旅游的发展改变他们的社会阶层，那些原来可能处于整个社会当中比较低阶层的人，他们的收入可能是非常低的，有没有可能通过利用生态系统来发展旅游业而让他们在整个社会中逐步变得富裕？再往后发展，变到中产阶层，这样就有了社会流动性。那就要思考是不是能够保证在生态系统中的每个社会个体都有机会参与到利用生态系统展开的产业经营中去。因为每个人最初的资源禀赋是不一样的，有些家庭可能富裕，有些家庭可能贫穷，所以要考虑怎么让那些没有足够经济能力的人也能够参与到生态资源的利用过程当中去。面向乡村的小额信贷能让经济能力相对差的家庭都能够有一个基础的起步能力来做一些商业的经营，这也是一个参与的问题。当然参与还会涉及社会均等的问题。平等地参与到议事活动当中去，这个地方应该怎么发展，每个人都需要有发言权。所以在旅游规划中会考虑到社区参与的需要，社区居民在这里面需要有发言权，这个也是一个需要考虑的社会系统的问题。除了生态系统和社会系统之外，还要考虑到这个社会系统利用这个生态系统的时候，生态系统中这些资源一定是需要有资金投入进去的。内部有比较强的资金动用力的时候，可以内部来动用资金。如果自身资金动用能力比较差的话，就需要引入外部的资金。在这个时候，资源一定要资金去做结合，生态系统的经济化利用、社会化利用，才是可行性的方案。所以除了生态系统、社会系统之外，还需要考虑到经济系统的问题，需要考虑到整个旅行经济运行系统的问题，如何让资金可以源源不断地投入进来推动这个区域的可持续增长，如何让资金投入的前期能在短时间内回收投资，如何让它能够有持续投资的信心，这些都是整个生态、社会、经济三角系统能够循环发展的非常重要的一环。

正是因为如此，有很多地方在招商引资的过程当中，尤其在前期的时候会有很多政策的优惠，包括税收的减免。前期投入比较多，产出比较少，通过政策的优惠、税收的减免，相当于变相地增加收入，增加对投资的持续能力，否则投下去多年没有回报，投资的可持续性就可能有问题。而一个经济的可持续的增长，一定要有资金可持续的投入才可以。因此，所谓的可持续发展，绝对不简单只是生态系统的可持续，还会涉及社会的系统、经济的系统的问题，这是涉及生态保护和经济发展之间关系理解的时候要考虑到的。

### 三、旅游发展优势

在资源梳理过程当中，要考虑包括资源垄断性、与市场的吻合度、规模性、综合性等因素。除了这四个要素之外，在判断目的地旅游发展的资源优势在哪里的时候，一定要考虑比较的问题。任何的优势都不是自说自话的，都是在跟别人比较的过程当中凸现出来的。既然是在跟其他目的地比较的过程当中凸现出来的，那就一定会涉及跟哪些目的地比较。只有选对了比较对象，才能够找到真正的优势、正确的优势。如果选错了比较对象，那很有可能会埋没本地的优势或者不能科学地发现优势，所以说参照系的选择、比较对象的选择是非常重要的。

例如北戴河的沙滩一定不会也没必要跟三亚的亚龙湾去比较，它不会跟澳大利亚的黄金海岸去比较，也不会跟夏威夷去比较，如果要把北戴河跟这些地方去比较，北戴河就别发展滨海旅游了，因为它的沙滩、海水等都没有优势。北戴河也很清楚自己的客源是什么样的客源。它所瞄准的客源跟亚龙湾瞄准的客源、跟黄金海岸瞄准的客源、跟夏威夷瞄准的客源是不一样的，既然客源指向不一样，就不是合理的比较对象。因此围绕着京津冀大众市场来做滨海旅游产品开发成了北戴河的可行性选择。虽然在北戴河周边还有很多沙滩，包括唐山也有沙滩，天津也有沙滩，也有滨海的资源，但是北戴河有它的历史传承和特殊地位在这里面，也有近距离的高等级旅游景区，所以它可以去发展滨海旅游。

再比如，北戴河有滨海和沙滩，再到我国的内陆省份去，到一些滨湖地区去，也会有沙滩，当然可能是人造沙滩，这些沙滩跟北戴河可能也没法比。但它们的市场瞄准湖边所在周边的省份，而不瞄准京津冀，所以它也不需要跟北戴河去比较，也能找到它自己的优势。总之，在旅游资源优势确定的过程中，除了垄断性、独特卖点、规模性和综合性之外，一定要再考虑到比较对象究竟是什么。

### 四、优势转变基点

优势转变的这个出发点应该是从旅游产品这个概念转到旅游目的地这个层面上，转到旅游经济这个概念上。传统上，旅游经济的发展涉及吃住行游购娱这六个要素问题，但是现在旅游经济的发展，涉及旅游发展的元素会更多，可能光有以往这六个要素是不够的。在旅游目的地发展过程中，不能只是停留在原有的六要素的旅游产业这个层面上，还需要有新的要素的拓展，需要把它从产业这个概念转到旅游目的地的概念上，转到旅游经济这个层面上去。旅游目的地所有优势的转变都是基于这两个概念的变化来展开的。

当然在转变的过程当中，原有的旅游产业层面上的六要素还需要继续深化；同时在已有的存量的基础上，需要增加一些新的增量，需要有新的元素的添加。这些新的元素的添加，包括制度、技术、劳动力、政策等元素。这是首先需要把握的两个问题。

在旅游目的地寻找卖点的过程中，卖点、市场和吸引力这些关系处理上，落实到具体的吃住行游购娱这些要素当中去的时候可能会发现，所有旅游目的地的吸引力都是可以分不同层次的。旅游景区是多数旅游目的地主体的吸引力，但需要有其他配套的服务和设施，这些是辅助的吸引力，只有把这两个要素整合在一起，才是旅游目的地整体的吸引力。在旅游目的地发展的过程中，一定要避免由于主体吸引力很强，而忽视了辅助吸引力很弱进而对整体吸引力的影响。我国旅游经济发展的过程当中，有很多地方就深受其害，觉得有主体吸引力就可以做旅游了，没有考虑到需要有那么多配套设施、配套服务的跟进，需要有大量的投入。所以导致那些表面上看起来很有吸引力，但是整体吸引力比较弱的那些旅游目的地被开发出来，造成了很多恶果。在旅游经济发展中，一旦开发形成供给能力，这个供给能力是很难在短时间内退出市场的，也就有可能会对整个市场秩序产生干扰。整体吸引力，其实就是要把新的元素加进去之后的大旅游的问题，也是全域旅游的核心问题。

大概 2003 年的时候，我们提出了一个旅游目的地发展十二要素，即在吃住行游购娱产业要素之外，需要再增加六个要素。比如需要把文化、资讯、环境、科教和制度这些因素加进去。实践中会发现有些旅游目的地在发展旅游的过程中，希望把外部的资金引进来的时候说得非常好，给很多优惠的政策。但是一旦投资者真的把资金投入进去之后，原来承诺的优惠条件都可能打折扣了。看到这种现象，就需要旅游目的地发展的过程当中有制度化的规定，这个制度化的规定跟政策不一样，政策变化的频率要比制度频繁得多。比如有调查研究指出，外资为什么会选择到中国来投资？最重要的原因就是制度，而不仅是因为中国的劳动力便宜、有很多优惠政策，而是长期投资本身对制度稳定性的要求非常高，是我国的社会制度在相当长时间内的稳定性，才让外资敢放心大胆地来投资，所以制度显得非常重要。当然，科教会涉及人才市场的问题。只有科教发展了，服务能力、管理能力、创新能力才能跟得上去，传统六要素才能够有更新更好的发展。环境、资讯等因素自然也非常重要。所以，在旅游目的地发展的过程当中，究竟要有什么优势？需要有综合的思维，形成整体的吸引力。

## 五、优势转变逻辑

一个旅游目的地发展具有优势,在旅游发展的过程中,很多时候实际上只是瞄准了它的资源优势。所以在真正的优势转换逻辑中,就涉及如何把资源优势转换成产品优势、如何把产品优势转换成经济优势的问题。有这个优势转变的过程,资源优势是存在于这个目的地已有的资源基础上,如果不把管理、市场、服务加进去,对这些资源不进行组合,那这些资源是没有办法直接拿到市场上去销售的。或者即便拿到市场上去卖,也卖不出好价钱。在某种意义上说,我国在很长的旅游经济发展过程当中就是走这样的卖原材料路子,没有很好的管理、没有很好的服务、没有很好的跟市场结合的品牌。只有把这些要素加进去,才能产生比原材料、初级产品价值高得多的高附加值的产品。由于旅游是需要人的流动,而不是物的流动。所以高附加值就需要有很多关联配套、基础条件的支撑。关联配套上去了,基础条件上去了,这个资源或初级产品才能转变为受市场欢迎的产品,才会转变为人们愿意花钱去买的产品,资源才能够变为收入,产品的优势才能够转换成当地的经济优势。这些关联配套中,除了景区之外的吃住行购娱这五个要素的配套,还需要考虑到旅游消费是整体转移了之后的异地消费这个特征,要做好产业链的配套。所以整个优势的转变逻辑如果只关注到有什么,那只是第一步最基础的层次而已。

## 第六讲
## 旅游目的地发展：要素深化

在优势转换的过程当中，究竟要瞄准什么？或者重点要放在什么地方？除了有要素拓展之外，原有的这些要素还需要继续去深化，那它们深化的目标是什么？对于一个旅游目的地的发展深化到什么程度才是把这个环节做好了、做到位了？比如从"行"这个角度来说应该把景观道路的概念引进来。在"住"这个环节，住的类型会有很多，住宿设施可以有很多不同的分类，但是所有的分类核心可以从两个方面来考虑：一个方面简化，做减法；另一个方面做得更复杂，做加法。当然，购物的环境需要布局的问题、服务的问题、品牌的问题，游览的环节需要做人文关怀、解说系统的建设，如此等等。

## 第一节　交通

从交通来看，习惯上理解交通这个环节的一个基本原则是旅快游慢，那怎样做到旅快游慢？怎样处理大交通和小交通之间的关系？让想进入的能够快速地进入，想出去的能够快速地出去？在旅游区域内流动的时候能够在每个点与点之间快速地流动？如何通过集散中心把游客集中起来，再从这个点快速分散到整个区域不同的景区、不同的目的地去。所以，需要有一个进得来、出得去、散得开的整体的交通布局。当然，进一步深化的话，还会涉及经营性的要素、制度性的要素。有些时候，可以通过经营上交通工具、道路的变化来展开，有些时候可能需要通过制度性的变革来展开。也会有景观的道路、文化的道路的问题，在游步道设计过程中人文关怀的体现问题，游步道中的游憩点如何来进行选择的问题，如何通过艺术家之眼去发现整个景区中最佳观赏点的问题，如何把游步道更好地串联在一起的问题。这些都是在旅游发展的过程当中，需要从"行"这个环节考虑的。

例如在景观道路的尽头是一片湖面，它通过高大速生的树种把这个景观视线给游客约束住了，限制在相应的廊道空间当中，直到走到这个道路尽头的时候才发现这个湖面，它是一种豁然开朗的感觉。把道路两边的树全部砍掉后做一个道路，道路和湖水之间的关系，以及产生的体验效果，可能都会发生变化。当然，景观道路不一定要把它弄成水泥路或者柏油路，而是要与周围环境相协调，符合其功能定位，也要有意识地对两边的树种进行设计。

例如梅里雪山，很神秘，是非常大、非常强的吸引物。但是实际上在旅游发展的过程中，要去到这个地方的路不太好走，需要翻过好几座三四千米的山，每翻一座山的时候，在垭口都有可能会看到远处的雪山风光。这些风光在整个香格里拉地区来说，可能并不是非常起眼的东西，但是对来自城市的人群来说，可能就非常有价值、非常有意义，因为这些山很多本身也都是有名的雪山，在每个垭口都能够把远处的景观借过来。这是一个非常好的减少人们在旅途中的疲劳感的方式。再比如阿尔卑斯山山区的建筑，如果没有这些房子一路游览疲劳感就会很容易出现。如果在整个宽阔的水面上，没有若干游船或帆船存在的时候，又会呈现出什么样子，所以这些都是在行走观赏一路风景的过程当中可以去关注的。

如果把道路两边风景利用得好的话，不仅可以降低游客旅行过程中的疲劳感，同时也可以让两边的风景变成赚钱的工具。比如说世界上有很多目的地有知名的铁路旅游产品，主要利用的就是窗外流动的风景。"非洲之傲"这个产品在中国有专门的办公室，吸引中国的消费者去购买"非洲之傲"列车旅游产品。瑞士有黄金列车，还有主要以冰川景观为主的冰河列车，在加拿大有洛矶山的观景列车等。有些列车旅游产品在设计的过程当中，会专门针对中国游客提供一系列的服务，包括语言的服务、导游的服务，等等。也有些比如像南美观光的列车会有专门的酒吧车厢，专门的露台车厢，有非常现代化的厨房。还有奥地利蒸汽火车的铁路旅游产品。实际上，我国现在发展铁路旅游产品的条件已经具备了，关键在于特色化和品牌化的产品设计与推广。

除了景观和道路的融合，有些时候是一些很细节方面的表现。就以草坪为例，在城市里也好，在旅游景区也好，有很多地方为了绿化，都有草坪，也都会看到草坪上面插一个小牌子，意思是不要去踩这个草坪。所以我们的草坪在大多数情况下是用来看的，而不是用来消费的，也不是用来亲近的。到国外去的时候，这些草坪大多数情况下都是可以走进去、躺下来、坐下来的，我国不是这样子，为什么？因为人们怕这个草坪被践踏坏了。走草坪的人多了，草坪便踩没了，便成一条路了，就是鲁迅曾经说的，世上本没有路，走的人多了，便成了路。这个问题怎么来解决？其实非常简单，可以通过在草坪上有规律地放置几块石板，来引导消费者对草坪的利用方式。他会走草坪，但他不会踩在草坪上，他跟草坪的距离，就不是用篱笆围起来的草坪的概念，人和草坪是可以尽量接近的。

云南民族村这个地方有些方面做得非常好，比如，女生一般出门习惯带伞，但是并不是所有的旅游者都习惯带伞的。早上出门的时候，太阳还没有那么大，但景区可能很好玩，待到中午也没走，太阳当空照的时候就会很热，在这个时候怎样才能有一个比较舒适的游览环境？因为云南这个地方长植物比较容易，所以民族村在整个园子里面到处做了一些廊架，让植物爬上去，游客在这里面走的时候，就不会一直被暴晒在太阳下。下一些小雨的时候，在这个廊架下走，也不会被淋湿。这就是所谓的在游步道设计过程中需要有人文关怀。

在旅游发展过程当中，道路还涉及工具的问题。笔者在佛罗伦萨古城休息时，看到了电动平衡车，那时候在国内还没有，特别新鲜。因为它也是在古城里面，古城的道路又不是那么宽，开车是不太现实的，完全靠走路又很累，那时候这个电动平衡车就非常好。当时在我国景区里面，这种交通工具比较少，主要在火车站、在机场的警察用得比较多，在游客身上使用还是不太多的。因此通过工具也能够让"行"本身变得有趣起来。现在有很多有特色的交通工具，包括传统的自行车也可以通过一定方式的创新改造，变成有趣味的交通工具。人力三轮车、马车也是一样。在旅游的过程中，要让这个"行"变得有趣味，这些都是可以去考虑的。虽然可能稍微贵些，但这个过程很有趣，多花一点也是值得的。在交通环节来看，即便客观上没有办法去改变的地方，也可以通过改变主观感知的方式去改变它。

## 第二节　住宿

第二个环节，需要涉及旅游住宿设施问题。要在众多的住宿设施中脱颖而出，就会涉及如何去找到住宿设施自身的优势。这里可能有两个方面可以去做，一个方面就是花很多钱，通过投资把住宿设施做得更好，比如漓江瀑布大饭店，入选了吉尼斯世界纪录最宽的人工瀑布，大概晚上 8 点半会有一个瀑布的表演。这个要做好，得花很多钱才行。另外一方面可能不需要花钱，但需要用心，也能把整个饭店做得非常有特色。

比如曾经好像有一个饭店，这个饭店老板比较有想法，他希望把饭店做得比较有文化气息一点，如果要买古董装饰这个酒店，古董很贵，要买很多古董打扮这个酒店，那个钱肯定花不起。于是他就想了一个比较巧的方式，他想到陶瓷制造企业在烧陶瓷的过程当中会产生很多残次品，有些破损或者一些裂痕的陶瓷是没有办法拿到市场上去卖的，而是得处理掉。这个饭店老板就跑到陶瓷企业去把那些残次品拉回来，通过专门的设计，把它进行一些空间位置的摆放，摆上去之后，这个地方就显得有文化气息了，摆了这么多陶瓷，就成了以陶瓷为主题的一个酒店。

这里就提出了一个问题，所有的企业在发展的过程当中，都有可能需要采取一定的方式方法来做差异化的文章，但是要注意差异化是由两个不同层次构成的，有主观的差异化和客观的差异化。上述的这种方式，就是买残次陶瓷产品来把它放到酒店里面，让游客还以为是一些古董的陶瓷，这是主观的差异化。客观上，他肯定不会去欺骗消费者，说这个是什么年代的古董，那个是什么年代的古董，但是消费者来欣赏的时候，主观感知上可能认为这个是有文化价值的陶瓷。所以在实施差异化战略的过程中要利用好主观差异化。反过来，如果说这个地方客观上真的是买了这么多陶瓷古董放在酒店里面，如果消费者觉得这些是假古董，那这些古董也就没有价值，在消费者心目中只是一个跟其他饭店没有差异的住宿产品。由此可见差异化战略非常重要，但是需要从两个角度来理解它。

不过，有些时候再有钱也没有用，因为某些特色的住宿产品必须跟它所处的特有的环境结合在一起。比如大溪地、斐济等很多小岛旅游目的地上的这些住宿设施所处的环境是无价的。这种方式在我国的一些湖泊型或者滨水滨海资源所在地的开发上是可以用的。还有一些像乡村旅游一样，用散落的物质载体和有特色的文化传承做融合。香格里拉地区的悦榕庄建筑物是散落分布的，里面的很多元素都是有当地文化的元素，包括丽江的悦榕庄等。有些时候需要考虑跟在世界上具有非常大影响力的一些标志性景观去结合，比如澳大利亚Longitude 131°帐篷酒店，要提前好长时间预订才可以，因为它挨着世界上最大的单体岩石艾尔斯岩。

有些时候既需要很有钱，也需要很好的环境才可以，比如七星帆船酒店阿拉伯塔，这是非常典型的。当然在这里面住时，能够享受到的服务也不一般，应该说都是很有含金量的服务，它可以用劳斯莱斯从机场接客人到酒店，去酒店海鲜餐厅吃饭可以坐小型潜艇。

有些地方可能只需要你有心思就可以，不需要有太多的钱，因为可以充分地利用当地的环境来做。大多数饭店的大堂都是大理石、水晶吊灯这些东西，有些酒店充分利用当地植物生长容易的特点，大堂修成小桥流水，也没有那么多的水晶吊灯，而是代之以很多藤蔓植物，让它垂下来营造出自身的特色来。它需要花很多钱吗？比如在昆明这样的地方种植植物太容易种活了，不需要花太多钱。

在实际的旅游目的地发展过程中，住宿当然不局限于这些例子，而要从理念上有一些调整，需要从价值创新这个角度去做一些思考。价值创新是什么意思？最简单的说法就是消费者需要什么就在那个地方多下功夫，消费者不需要哪个东西就把它砍掉或者可以降低标准、节约成本。这样做的好处是，因为把消费者重视的那部分做得很好，消费者的评价会很高；把消费者不需要的砍掉，成本会降低，最后利润就可能会比较高。我国住宿行业在过去这些年发展得非常快，包括中国自己的品牌成长也非常迅速，当然很多是围绕着经济型酒店展开的，无论从最初的如家也好，后来的汉庭（后来的华住）、七天这些经济型酒店的出现，它们是怎么出现的？为什么会出现经济型酒店这种新的住宿形态？核心就在价值创新上。当然基础是要非常清楚酒店是做什么的。对酒店本身概念的界定和对它的认识会影响到后续对酒店住宿形态的价值创新。饭店本身是干什么的？饭店本身的功能主要不是吃饭的，而是提供住宿的。并且它的服务主体是离开常住地的消费者，它主要服务的对象是外来者，是以这些人群作为主要的服务对象、以住宿服务为主的一个整体解决方案。在这里就会发现，酒店其实有很多功能是可以砍掉的，也就是在这个概念的基础上，对很多饭店而言，停车场、游泳池等跟住宿服务无关的东西，就可以适当地砍掉，可以适当地减少。实际上在日常消费生活中，人们经常为从来不会使用的功能在付费。比如，手机有很多功能，消费者从手机买来到手机扔掉很多功能从来没用过，但是有这个功能就一定会涉及投入，有投入就一定会在价格上体现出来。因此，经济型酒店的出现，其实是为了让消费者尽量少去花冤枉钱，把消费者对酒店的诉求中，哪些是重要的，把这些东西做好，哪些是不重要的，把它降低。大多数情况下，社会餐馆如此发达，各种风味小吃外面如此之多，为什么要选择酒店吃饭呢？显然餐饮是可以调整的。酒店当然可以做得具有美感，但是酒店漂不漂亮跟住酒店又有多大关系？消费者要的是那八个小时的睡眠、是那个客房，而不是酒店的外观，酒店的外观、酒店的美感就可以降低。在一定意义上来说，酒店的美感降低，就可以提高酒店建筑的空间利用率，越有美感，越奇形怪状，利用率越低，单个客房的成本就会越高。建筑美感方面的要求降低了，利用率增加了，单个客房的成本下降了，价格就可以降下来了。包括服务员的服务水平也可以适当调整优化，因为多数酒店服务是在客人离开客房外出时完成的。住酒店的时候可能比较重视的东西，比如房间的安静程度、床的质量、房间的隔音效果，这些东西可能是比较重要的，要加强。把不要的东西降低，把重要的东西加强，这就是经济型酒店的基本逻辑。有一本书叫《银河系的诞生》，专门介绍雅高集团的成长。在那本书中，会有非常详细的内容来介绍雅高旗下的 ibis 经济型酒店是如何产生的，包括为什么取 ibis 这个名字，它名字很短，只有四个字母，如果字母太长的话，做这个酒店的标牌牌子会太大，太大的话，标牌的成本就会太高，它连这个都想到了。这些都是充分地体现出它的经济型的问题。

简单来讲，价值创新就是把消费者重视的、看重的东西加上去，把消费者不需要的减掉，就是加和减的问题。在这个过程当中，有些可能是消费者需要但是对这个方面的要求、对这个要素的要求不是很高，这样就可以适当降低要求。有些是原来就有、消费者也需要，但是原来要求的标准比较低，但是消费者很看重,则需要提高标准。所以价值创新,实际简单讲就是加和减的问题、下降和上升的问题。

当然现在要讲价值创新的时候,不是简单地像以前那样,自己闭门造车,或者大家头脑风暴汇在一起,这个领导这么讲、那个领导那么讲,这个设计人员这么说、那个设计人员那么说,然后大家想想应该怎么弄。而是需要通过找那些消费者消费完了之后留在网络空间中的那些评价,通过这些评价去关心、去发现消费者在选择住宿设施时的关注焦点是什么。比如说去哪儿网的数据研究中心曾经专门研究过,比如说浴室、服务、性价比、硬件设施,除了这些之外,再接下来还关注哪些东西?装潢的风格、房间的采光、房间的隔音效果、安静程度、酒店的气味,往往是关注的重点,进一步就需要知道在这里面哪些比较重要,是首先需要去改进的。即便是传统上大家都关注的比如说浴室,大家去住酒店的时候,对卫生间的要求是很高的,那人们看重卫生间的什么东西?这不是随便能想出来的,这也可以通过数据来做分析。比如关注淋喷头的水压,关注淋喷头的冷热水转换的速度,这些是首先要关注的。然后再有浴缸、热水等之类的东西。如果是一个装修很好的浴室,选择淋喷头可能也是高档的品牌,但是游客需要把淋喷头打开放好几分钟热水才能出来,他对这个酒店的评价肯定好不到哪里去,而且对酒店的运营来说,也会增加很多额外的成本。人们现在要使用酒店浴室冲澡的时候,一般先把淋喷头打开一段时间,然后再进去看它的热水出来了没有,这样会有大量的水的浪费。所以,建国集团对旗下酒店的要求是,水龙头开八秒钟,一定要出热水,要让消费者形成一个预期,住建国酒店打开热水龙头就可以去冲澡,这样就不会有这么多的浪费。当然这个需要有前期的设计,工程部门跟酒店客房部门需要有更好的配合,还有包括水压等需要解决的一系列问题。但如果不去了解,不知道消费者关注住宿设施、关注浴室的什么,就不知道应该怎么去改进它。因为开八秒消费者可以冲个澡,开上八分钟也可以冲澡,最后冲澡的效果可能是一样的,但是住这个酒店整体的体验就可能不一样,对于住宿企业的成本也可能不一样。

上面讲的有很多涉及做减法,另外一个方面,如果说要让这个住宿设施有更多的文化体现的时候,就可能需要做很多加法的文章。从人身上可以做加法,从物上可以做加法,从整个服务的体系设计上也可以做加法,有很多可以做加法的方式方法。

## 第三节 餐饮

俗话说"一招鲜，吃遍天"，即在餐饮发展的环节，作为旅游目的地来说，除了空间上的集聚式分布和供给上的品牌化发展，能不能挖掘出当地有特色的菜品，这是第一位的。如果没有特色的东西，游客到这个地方来旅游的时候在餐饮这方面的消费就可能挖掘不出来。

中国的美食可以挖掘的空间巨大。孔子说过"食不厌精，脍不厌细"，即精细化的发展。在中国确实有很多地方餐饮的菜品的制作，是非常讲精细化的，例如安徽淮南的豆腐饺子。为什么淮南这个地方跟豆腐有这么大的关系？历史有说法指出豆腐的发明人就是淮南王，所以淮南这个地方有制作豆腐的传统。因此，美食大体需要两个方面，就是有好的材料，而且制作得很精细。现在除了这两个方面之外，旅游目的地在生态化环境的打造和品牌化发展在空间布局上、在数量上如何达到一个合理的配置，这可能是除了菜和制作之外最重要的两点。虽然讲吃饭，实际上从吃饭到吃菜，然后再到吃环境，会完成这样一种转变。人们慢慢地会把吃饭作为一种交流的平台，是人际交往的一个媒介，如果吃饭是一个人际交往的媒介的时候，饭本身就可能变得不是那么重要了，菜也可能不是那么重要了，而如何建立起一个连续的、让双方能够很好地交流、建立联系的环境会显得更重要。

有一些从餐饮环境打造上做得不错的地方。比如有些特殊的餐厅就在沙漠的边缘的种菜大棚里。它在餐饮环境的生态化方面做得好的是，它的生态不是平面的生态，而是立体打造的生态。一般的情况下，可能会在餐厅里面种一些盆栽之类的，而它则在餐厅的墙上做了很多可以立体展示的绿化元素，这点做得非常好。

再比如一个果园中的餐厅在做生态化设计的时候，不仅把它放到一个生态的空间中，还在做生态餐饮的设计，包括餐厅内部的元素，第一点，整个内部空间的隔离，不是用绿色植物来隔离的，而是用树枝来隔离的，这些树枝就是为了让果园里的果树长得更好而平茬砍下来的，把它放到里面做一个空间的隔离效果。由此可见，生态的环境不仅仅是绿色的植物，而是要体现出生态设计的思想。第二点是它的顶棚灯光的设计，所有灯光的设计都是用菜园里种的葫芦，把里面的瓢挖出来之后，外面的壳做成灯罩，葫芦灯具的设计本身也是很具有生态的感觉。这是利用生态来做环境的问题。

生态不仅仅有自然的生态，也有人文的生态。有些地方就把就餐的环境和人文环境很好地衔接在一起。在大家进去吃饭之前，先带去看博物馆，里面陈列了很多重要的文物，用这样一个序厅来提升整个餐饮幽雅的环境，这是一种很好的方式。也可以通过当地有特色的文化符号，比如砖雕，来做一些环境的改造。或者通过借景的方式，来实现就餐环境的创新，就餐环境不是餐厅本身里面的环境，而是借助于餐厅外面的风景。无锡有一家叫作山水江南的餐馆，这个餐馆外面就是太湖，看的就是太湖上面的桥，这个也是一个借景方式的运用。还有一个更妙的设计，在餐厅圆形窗上放着紫砂壶，从餐厅包间看出去，就像是这个紫砂壶浮在水面上的感觉，这样的设计就很好地借了外面这个环境。

也有些餐厅的设计是从它的主题上来突破的。比如有些海洋主题餐厅，它的周边的元素像鱼缸嵌在墙里面一样，凳子也是海洋生物的形状，包括顶部吸顶灯，吧台用的原材料，都是跟海洋有关的。全球有3个非常有名的海洋餐厅，它们在餐厅的设计上和旅游设施很好地跟海洋元素去衔接、去融合，可能会给经营者带来一些启发。除了海洋主题的餐厅，例如北京的海洋馆也很特殊，从一个玻璃通道进去，里面的水都是连通的，鱼在玻璃通道的顶上游来游去，看得很清楚。但是海洋馆里面那个通道是作为消费者、游客流动的游线的通道来布置的，如果把餐厅放在拱形的通道下面，在餐厅吃饭的时候可以看到鱼游来游去，那就不是通道，而是海洋餐厅的简易版了。

在某种意义上来说，创新是由两种因素推动的，一种是惰性，人越懒惰，因此而创新出来适应人的惰性的东西就越多。还有就是对生活品质的追求，要享受高品质，就会想各种各样的办法来满足对这个品质的需求，这时也能促进创新。

## 第四节 购物

　　旅游目的地发展涉及购物的时候需要特别注意一些问题。第一，一定要找到一个合适的比较对象来比较、来判断旅游整体收入结构、购物比重是高了还是低了，要选择一个合理的、合适的参照系。为什么呢？因为我国现在的旅游购物比重，整体上大概是23%到25%。在这种情况下，很多地方提出要进一步提高旅游购物的比重，要向发达国家去看齐。言下之意是说我国23%到25%的购物比重跟发达国家比太低了。那发达国家究竟是多少呢？其实很多发达国家旅游购物的比重远远不如中国，包括法国和美国就是如此。当然也有些地区旅游购物的比重比较高，比如我国香港特别行政区，香港旅游购物的比重确实比内地要高很多，内地23%~25%，香港大概是60%以上。2009年的数据，香港的购物比重是63.6%，2010年的时候稍微有下降，降到61.7%。同时从香港公布的数据可以看到，每个不同区域的游客在香港购物花了多少，比如中东、欧洲在购物上花了31%，新西兰、南太平洋、澳大利亚在香港的购物花了40%，然后北亚地区14.8%，南亚和东南亚16.1%，中国台湾在香港特别行政区的花费是54%，在购物环节上，我国内地到香港特别行政区花费是73.6%。如果说不在香港过夜的话，它在购物上的比重可能会更大。比如像内地到香港一日游，92.2%的钱都是花在购物上。这样一来，香港的旅游购物在整个香港的旅游收入中所占的比重是非常之高的。在购物方面，香港和内地来比，确实有很大的差别，但是进行旅游消费收入结构比较的时候，还需要考虑到资源禀赋的状况，整个旅游目的地定位的状况。内地和香港的资源禀赋本就有着很大差别，香港的定位是购物天堂，它是一个自由港，所以人们到香港买东西多是应该的，如果它不达到50%以上，就没有办法称自己为购物天堂。但是内地就不一样，内地有这么幅员辽阔的地理空间，有这么悠久的文化传承，购物显然不是内地在旅游收入中最应该强调的东西，收入来源主要应该不在这里面。因此作横向比较的时候，要考虑到比较的对象选择是不是合理。

第二，香港的购物比重能够达到60%多，那购物究竟购的是什么？在内地提到要提高旅游购物的比重，习惯上是指要增加更加有特色的旅游纪念品。实际上香港的60%多的购物消费里面，排在前几位的没有一样是旅游纪念品，那人们到香港去买什么？第一，买服装；第二化妆品；第三糖果；第四，买各种鞋类；第五，买各种包包。这是香港2012年旅游购物的前五位。

假设香港的63.6%是内地应该追赶的目标，希望咱们23%增长到像香港一样达到60%的比例，那么至少现在的努力方向是错的，因为我们努力方向是把太多的精力放在有特色的旅游纪念品身上，其实在整个香港的旅游购物中，纪念品和手工艺品大约只占10%。如果说要瞄准它作为参照系的时候，一定要知道，它的购物比重是什么样的状态，在这种状态、这种结构下，有没有可能把它作为你的参照系？把它作为参照系的时候，努力方向应该在哪里？

第三，购物比重的高低和旅游经济发展水平的高低没有必然的联系，未必旅游购物比重低，旅游经济发展就不好；旅游购物比重高，旅游经济就好，不是这样的关系。因为整个旅游购物在整个旅游经济当中的比重，会受到旅游经济发展取向很大的影响。比如英国2011年整个入境旅游收入是366亿欧元，它的购物是62.34亿欧元，比重不到20%。新加坡经常是我国学习借鉴的对象，比如2010年时，新加坡的旅游购物比重只有21%，也不如中国。并且新加坡的旅游购物的比重，受到它整个旅游经济发展取向重大的影响，比如2010年的时候，它整个娱乐的收入比2009年急剧上升，相应地，旅游购物在整个旅游收入当中的比重显然就会下降，但这个下降能说明新加坡的旅游经济发展水平下降了吗？显然不是，因为在这里面，也就是2009年到2010年，新加坡把赌博的收入加进来了，原来新加坡是没有赌博的，不允许开赌场的，到2010年的时候，赌场开起来了，营业收入上去了，而且它把赌场的收入是放在娱乐这一项里面的。因此，虽然大家都在呼吁，说要增加旅游购物的比重，但是旅游购物比重增加和减少，跟旅游经济发展水平没有必然的联系。

第四，如果真的要提高旅游购物的比重，要设计有特色的旅游纪念品，一定不能简单地为设计旅游纪念品去设计旅游纪念品。比如意大利西西里岛的陶尔米纳是非常有名的一个小镇，这个景点是欧洲必游的景点之一。陶尔米纳这个地方的大多数旅游纪念品的设计，都是跟人们的日常生活密切地联系在一起，包括它的很多元素的取材也是跟日常生活联系在一起，例如开啤酒瓶的起子作一些创意设计后是它的旅游纪念品。只有生活化的旅游纪念品，人们在日常生活当中才有可能会经常使用。要清楚地意识到，旅游纪念品是人们旅游体验的一个延续，是一个记忆的载体，只有这样去认识，旅游购物的价值才能发挥出来。

当然，旅游纪念品的销售、旅游购物比重提高，还涉及一个服务的问题。新疆的国际大巴扎里面除了卖很多跟新疆有关的农副土特产品、它的一些纪念品之外，它的服务也很不错。游客买了东西，即便买两斤葡萄干，也可以办理邮寄的业务。到新疆去，可能还会涉及买石头，新疆有很多奇石，买一个石头显然不像买一两斤葡萄干这么方便携带，所以买了东西能不能很好地带走，或者说会不会影响游客后续的行程，这个很重要。从这个角度看，购买这些东西的时候能够配套邮寄的设施和服务就很重要。

有很多时候，并不是说这个地方没有有特色的产品，而是在游客买了之后，可能使游客在后续的行程中很麻烦。这个时候，如果在旅游购物环节中，商家或景区配备了很好的售后服务，游客就能真正体会到放心购物的体验。当然放心不是说游客在参观完毕了再带走，而是游客在这里买完后就可以随时办理邮寄的服务，游客在旅行结束之后，回到家就可以看到自己购买的旅游产品。

也正是因为这样，在2000年讨论关于旅游景区A级景区标准的时候，专门在景区标准里面加了一条，即景区需要有相应的邮寄服务设施，景区里面一定要有邮寄的地方，如果没有邮局，一定要有邮寄点。之所以把这点放进去，一是希望能够通过服务的改善，来改变旅游购物在整个旅游消费结构当中的比重；二是希望更多的旅游纪念品、特色的旅游土特产品，能够被消费者买走，又不增加消费者携带上的负担。

第五，即旅游的购物也需要学习城市购物的布局。很多女性喜欢逛商场，当人们去选择商场逛的时候，她们的选择行为是什么样的行为？是怎么去选商场的？在这里面也是有很多规律性的。如果说一个城市的商场，是七零八落的，这个地方有一个，那个地方有一个，人们去选择商场的时候，就会很麻烦，或者让人很为难。如果商场在空间上相对集中分布，人们在选择商场时就很简单，甚至在选商场的时候，其实不是选商场，而是选商圈。比如一个人在北京逛街，他会想到去王府井、西单，或者别的商场聚集点。这个时候，王府井、西单是一个商圈的概念，为什么有商圈的概念在？因为这个空间有若干家商场的聚集。他为什么会选择到若干家商场聚集的空间去逛商场？很简单，买东西要货比三家，这家商场这个产品怎么卖的？如果想比较一下，可以跑到另外一家商场去看一下同样的商品怎么卖？很容易比较，因为距离很近，可以满足人们挑选商品的时候货比三家这种消费的心理。在商圈中，人们从一个商场到另外一个商场，他的所有消耗可以降到最低，因此可以把更多的精力放在逛商场上，而不是把更多的精力放在从一个商场到另外一个商场的路上。作为旅游购物也是一样，在空间布局上，跟餐饮一样，可能需要安排类似于小吃一条街之类的购物一条街。但是不幸的是，我国的购物一条街往往会演变成假冒伪劣产品集中地。因此有些东西在具体执行过程中，往往会发生一些变异，但是从空间布局上来说，应该是有购物相对集聚的空间，就像餐饮有相对集聚的空间一样。这是涉及购物这一环节时景区和目的地可以去关注的。

## 第五节　娱乐

娱乐的因素除了像上述餐饮和购物一样，需要有集中的、规模化的布局来吸引人之外，还有另外一种因素是需要关注的，这就是旅游目的地需要以当地的文化主题、特色的背景为卖点的旅游运营活动，可以称之为旅游演艺，尽管很多时候有点类似主题晚会，这种形式的产品在旅游目的地娱乐产品当中占到越来越大的比重，各旅游地也都非常重视。在这个产品运营过程或者发展的过程中，需要考虑到以下几个方面。

第一，运作一定要市场化，这个运作市场化，既包括纯粹的市场力量的引入，也包括公私合作的方式。不管什么形式，不建议由当地政府来运作这样的晚会，纯粹由政府来运作这样的晚会，成本的控制等方面很可能会有大问题，如果钱花的不是自己的，肯定会大手大脚，花冤枉钱或超预算容易成为常态。如果掏自己口袋里的钱来花的时候，则会精打细算很多。所以通过市场化力量的引入也好，公私合作的方式也好，它对成本控制来说会更好，整个产品运营的成本压力可能会更低，这是一个方面。

有些时候，这个运作不是一开始就是纯粹的市场化，因为前期需要有一个市场预热的过程，需要一个品牌培育的过程，所以前期培育的时候，政府可以花大力气去培育它扶持它。一旦这个产品在市场中形成知名度、形成品牌，就可以转变为公私合作的方式，或者说转变成市场化的方式来运作。包括前期没有产品化的政府性项目，也可以转型或延伸性发展，做出好的娱乐产品，比如宣传性营销性的制作转化娱乐化的演艺。联合国世界旅游组织在1996年的时候就专门发布过一个报告，研究在旅游发展过程中，如何通过加快公私合作来推动旅游经济发展的伙伴计划。

第二，就是在做这样演艺或主题娱乐时，比如像宋城千古情也好，北京欢乐谷的金面王朝也好，可以过几年改版一次，或者过一两年就改版一次，通过同一个节目不断地改版升级来保持它的吸引力。这是一种方式。

另外一种方式，就是在这个舞台上演的作品不断地变化，以变化的节目来延续它的生命力，如果在舞台上表演的作品需要不断地变化，那就需要找到更合理、合适的渠道，以尽可能低的成本获得这些作品，让它在这个舞台上来表演。差不多2005年时给辽宁铁岭提了一个概念，叫"快乐老家"，之所以叫"快乐老家"，考虑了两个因素：一是，这个地方产生了很多笑星，给大家带来很多快乐；二是，陈明有一首歌叫《快乐老家》，在当时很流行。把这两个东西放在一起就建议形象定位为"快乐老家"。"快乐老家"需要让到铁岭旅游的每一个人都能够感受到快乐，而不是到这个地方来看赵本山已经演过的、在大江南北都可以看到的作品，因此"快乐老家"需要有一个演艺的舞台，在这个舞台上，需要不断有这样一些能够给消费者带来欢声笑语的作品。当然，这些作品如果全部由当地来创作的话，压力是非常大的，可能性也不大，所以就需要找到这方面的创作者或现成的作品。在我国围绕这些文艺作品的评奖中，有一个曹禺戏剧奖，每隔两年会举办一个曹禺戏剧奖的小品小戏大赛。在参加这个比赛之前，参赛作品需要去创作，比赛完获奖完之后，也需要让这个作品能够产生经济的价值。如果能把这两个要素做一些衔接的话，铁岭不仅能够找到卖点，而且能持续地以比较低的成本找到这些卖点，这样的话，这个创意就做活了。

第三，旅游演艺也好，主题晚会也好，作为大型活动，它本身的好处绝对不仅仅是通过这台演出丰富吃住行游购娱当中"娱"这个环节的产品，大型活动还有很多其他的功能，包括旅游地要如何加强其自身的旅游吸引力，这是什么意思呢？在任何旅游目的地发展的过程中，都会有先发展和后发展的区域，先选出一些有资源优势的区域，作为这个地方旅游经济发展的增长极，发展到一定程度的时候，增长极对其周边其他区域产生带动作用，把消费能力从增长极延伸到周边的区域去。这些消费者怎样能够从增长极这个地方延伸到周围的地方去？这就要求旅游地有内在的吸引力来推动客流的空间流动，通过增加夜间的娱乐产品就是旅游地增加吸引力的一个重要手段。

此类夜间旅游演出或主题娱乐产品也可增强资源所在地自身吸引力，留住消费者，让消费者做更长时间停留。大多数情况下，游客去看长城、十三陵的时候，肯定是白天看、晚上就回到市区来了，晚上是不太会停留在那些景区所在的空间范围内的。如果晚上长城有演出，或者十三陵周边有大型的文化旅游演出，消费者就可能在这个地方停留下来。就像当初有很多人到阳朔去，白天看阳朔风光，晚上回到桂林市区住，有《印象刘三姐》这个作品之后，很多游客看完晚会可能就在阳朔停留下来了，看晚会之前在阳朔西街吃东西，看完晚会之后，住在阳朔，整个时间的停留、空间的扩散自然而然就通过这种新的作品的出现而改变了。

有些情况下则是改变静态吸引物的吸引力。有些东西是静态的，游客只能看，景区没有办法让这个"死"的东西变得活跃起来，但可以通过这样的活动性作品的创作和表演，改变静态吸引物的体验方式，让其变成一个活生生的历史。

如果是大型活动，则可改变旅游目的地的形象。为什么我国的第一次世界园艺博览会放在昆明举办？这跟我国当时提出西部大开发战略有一定的关系，西部大开发需要吸引更多的外界的关注，包括国外的媒体对西部更多的关注。通过举办这样的大型活动，可以通过媒体杠杆作用撬动外界的认知。包括奥运会也是如此。想象一下，全球顶级的媒体、最有权威的媒体，把全部关注的目光都在关注北京、关注中国，通过这17天北京奥运时间，能够撬动多少外界对中国的关注？这个模式后来一直延续，包括在沈阳搞世界园艺博览会，西安搞园艺博览会，背后都是有传播诉求在里面，有社会经济发展诉求在里面，期待通过它可以改变外界对整个目的地形象的认知。

从娱乐产品开发角度看，也可以引入一些国外的街头艺术，把国外的街头艺术引进来，也能够丰富当地一些娱乐性的东西。其实到国外一些比较典型的、热闹的知名旅游城市去的时候，这些热点旅游城市的标志性景区的周边，大多数都能看到这样一些真人扮演的街头艺术形式。在这方面，在保证安全的情况下，思路可以更加开放、更加灵活一些，形成新的吸引力，新的广场文化和文化广场。在类似娱乐产品创作的过程中，如何处理好通过具有冲击力的视觉设计来吸引人和通过具有感染力的内容设计来影响人这两者之间的关系，是一个不小的挑战，也是一个亟须回答的问题。

## 第六节　游览

简单来讲，游览的要求就六个字，一是深化，二是丰富，三是超越。

第一是深化，深化是需要人们去游览、消费的时候，有不断地提高的过程。没去的时候想看，看完了觉得很好看，甚至游客可以停留很长时间很耐看，看完了下次还愿意来回头看。看有不同的层次，想看、好看、耐看、回头看，这是一个不断深化的问题。

第二是丰富的问题，看的和玩的要结合在一起，不能只有看，没有玩。现在年轻的消费群体不断地进入到旅游消费市场，逐渐成为主流消费人群，只让游客看，而且让他静静地看的话，游客对这个东西的兴趣就不大，所以就需要考虑消费人群的变化，把看和玩很好地结合在一起。

第三个方面，需要超越，超越有两个意思，从总体上要有一个很好的把握，竞争对手做了什么，国外的同行做了什么，旅游地需要了解到这些动态，但重点是在细节处着手，要跟踪发展动态，去着手把细节的问题做好。举个简单的例子，如果景区比较大，考虑到游客会走得比较累，景区里面会修建若干个休憩的设施，例如修建椅子。有没有休息座椅，就是一个总体把握的问题，没有显然不好，跟游客的需求不能很好地吻合，也不符合人文主义精神。但有了之后，怎么将椅子做好，则是有很多文章的。比如其一，椅子放在什么位置？椅子有很多地方可以放，沿着道路两边直接放没问题，在道路两边修建一个凹形的区域，把椅子放到凹形区域里面，又是另外一种摆放的方法。很明显，直接放在路边这种方式，就没有把它放到凹形区域当中的效果好。人们坐下休息的时候，总是希望能够得到放松的，在放松的时候，会有各种各样的形态，甚至"丑态百出"，因为那样他才觉得舒服。如果把这个座椅放在路边，游客没法"放肆"地去休息，没有办法利用这个设施得到很好的放松和休息。

其二，摆放这些座椅的时候，是用固定的方式来摆放？还是可以移动的方式摆放？现在看到的休憩设施，多数情况都是固定的。在一天当中，随着太阳位置的变化，这些固定的设施的利用价值是不一样的，太阳没照到的时候，或者椅子上方有树挡着的时候，坐在那里很舒服，但是这棵树无法遮挡阳光的时候，坐上去就会很晒，这个椅子就没法去坐了。因为椅子是固定的，但是顶上太阳的位置是在变化的，自然涉及可移动和不可移动的问题。

其三，可以考虑的是，椅子用什么样的方式来修建？如果用人体工程学的理念来修建椅子，和大多数景区内的椅子相比，那是什么样的状态？椅子修建得有一定弧度的时候，坐上去显然是不一样的。有椅子和没有椅子不一样，同时位置不一样、材料不一样、摆放的方式不一样、设计的理念不一样，效果也都会不一样。

再进一步的，这个椅子修建的时候，谁掏钱啊？政府可以掏钱、景区也可以掏钱，当然也可能政府不掏钱、景区不掏钱，椅子也能修起来，那就是涉及椅子资金来源的问题，这就是细节问题。不是说有一把椅子就可以了，再具体下去，这个椅子用什么材料来修？用石头来修石头的椅子？用不锈钢来修不锈钢的椅子？用防腐木来修防腐木的椅子，那也是不一样的。可以想象，石头的椅子、不锈钢的椅子和木质的椅子，人们坐上去感觉显然是不一样的，尤其随着季节的变换，这种感觉会更明显。这些都是细节的问题。

到国外去旅游的时候，会发现很多椅子都可能不是景区自己修的，也不是地方政府掏钱修的，所以到国外去的时候，会看到很多椅子上都是刻了名字，怀念什么什么，然后下面写人的名字，把对先人的怀念从椅子这个载体上体现出来。从某种意义上来说，这可能就是椅子的资金筹措上很值得考虑的方向，国外的一些做法也值得学习借鉴。

旅游目的地发展的过程中，旅游景区依然是重中之重，景区本身也面临着很多压力。如果想把旅游景区做好，要考虑到下面这些问题。其一，在经济转型的过程中，很多地方会选择以第三产业或者以服务业作为经济转型的一个突破口，尤其是资源枯竭型城市。很多资源枯竭型城市的经济转型是以旅游为突破口的，旅游的核心竞争来源常常寄托在景区身上，被寄予厚望的景区的压力自然就很大。

其二，现在旅游者跟以前的旅游者不一样，现在的旅游者很难被"忽悠"。以前的旅游者受信息渠道及旅游阅历所限，见识没有那么多，所以导游讲它是什么样子，游客可能觉得就是这样。但是现在的旅游者见多识广，加之市场格局发生了变化，旅游者对旅游景区的要求也在变化、在提高，这个市场格局的变化，包括出境旅游的快速发展、低组织程度的旅游比例在提高。很显然，随着越来越多的人可以出境旅游，游客可以看到境外的旅游状态、境外旅游景区所能够提供的服务，再回过头来在国内旅游的时候，就会把在境外所看到的那套标准来要求国内的景区，所以说寄希望于信息不对称来忽悠游客是不行的。

低组织化程度是指，以前很大比例的出游是通过旅行社，现在自由行、散客化已成潮流，以前由旅行社承担的那部分功能，现在需要重新交给旅游景区去完成，所以压力一定是越来越大，想让旅游者满意的难度也越来越大。我国刚开始发展旅游的时候，旅游景区是一个近乎零服务的空间，景区主要卖的是资源、是景观，所提供的服务主要就是卖票、收钱。现在再这样子肯定是不行的，但到底应该怎么走又有很多迷惑，所以会有很多压力。为了让旅游景区发展得更好，就需要考虑对旅游景区发展模式的重新梳理，充分挖掘旅游景区的标的价值和意义，需要考虑到旅游景区在发展的过程中，也包括知名旅游景区在发展的过程中，它可能会有两个不同方向的发展曲线：一条曲线是游客的数量在增长，曲线是往上延伸的；还有一条曲线，是游客体验质量，这条游客体验质量是下降的。也就是说，这两条曲线不是同向而行，是背向而行。那些品牌非常好、影响力非常强的知名景区，要考虑到盛极而衰的可能性，就是表面上看游客数量很多，还在增长，市场需求旺盛，但是可能衰败的种子已经埋下了，因为旅游者对这个地方的评价不断在走下坡路，一旦市场中出现现象级的或具有标志性的新景区，这些传统知名景区的发展就会受到极大的挑战。

旅游景区还要考虑到推陈出新的问题。既需要把旧的、原来那些经过市场考验的产品继续推向市场，同时也需要考虑到为了满足回头客的需要，不能以老产品去应对游客，而是要开发很多新的产品，考虑到旅游景区除了习惯上所认为的旅游景观之外，还有什么东西可以挖掘利用？如何才能对这个旅游景区整体的运营有新的发展、新的变迁，达到一个新的高度？是环境还是客流？是品牌还是注意力？是产品还是标的？都值得深入思考。

当然，从消费者满意度来说，解说系统的深化建设、跟旅行社之间的关系、视觉空间的管理、核心竞争力的再认知、场景思维与空间思维等，这些都需要在整个旅游景区发展的过程中，及时地做出回应。

## 第七节　环境

旅游是把它在常住地的一系列消费转移到旅游目的地去，所以旅游目的地的环境对于游客整个旅游体验是非常重要的一环。这不仅包括跟游览有关的自然环境、人文环境，实际上还会涉及旅游目的地的社会环境。当地的居民、公众对外来旅游者的态度也是旅游目的地整体吸引力和旅游者整体体验的重要影响因素。在旅游开发初期，随着外来的旅游者源源不断地进到旅游目的地，旅游目的地可以从外来旅游者那里获取很多的经济收益，因此在初级阶段，当地公众对外来旅游者是非常兴奋的。比如，我国刚开始发展旅游业的时候，有很多外国人到我国来旅游，人们可能还围着他们看，觉得挺新奇，现在外国游客在大街上走，没人会围观他们，慢慢地对这些外来的游客已经司空见惯，就比较淡漠。再进一步往后发展的时候，外来旅游者进一步增加，公众的态度就会从淡漠转向恼怒，而这个恼怒之所以会发生，是因为随着外来旅游者越来越多，旅游目的地原来围绕着当地居民生活而进行供给的一些商店、门店，都会发生经营转型，越来越多地面向外来旅游者的需求，当地的居民由于更多外来旅游者的到来，跟他们生活配套的一些设施发生了变化，他们的生活受到影响，所以他们的态度可能进一步转化恼怒。如果外来旅游者人数再进一步增加，这个恼怒的程度还可能会进一步地激化，变成敌意。这其中的核心在于成本和收益。如果当地居民不只是承担成本，还得不到收益，这个时候对外来游客的态度一定会激化，敌意也就随之产生了。

如果本地的居民总是对外来旅游者不够友好甚至充满敌意的态度，显然对整个旅游目的地的发展都是不利的。毕竟，游客到一个旅游目的地，总是希望当地人能对自己比较友好，希望能够有一个和平、和善、诚信的环境，这个是一个基本的要求。

讲到诚信这个要求的时候，据说人们到某知名山岳景区去旅游的时候，一碗米饭要15块钱。对这个问题，不能简单地看这个米饭是15块钱、还是5块钱、还是1块钱，而是要去看在米饭买卖的过程当中，是不是讲诚信的？是不是标了1块钱，然后结账的时候告诉游客这碗米饭15块钱？还是把钱给他之前就告诉游客这碗米饭要15块钱卖，游客如果愿意买，就买；游客不愿意买，可以吃方便面或者吃面包都可以。关键要看在卖米饭的时候，是明码标价地来卖还是有欺诈行为在这里头。当然这个价格还要考虑到其成本问题，不能简单地判断。

诚信也好、友善也好，这种态度并不是凭空而来的，那景区怎么让当地整个旅游环境能够营造出一种和善友善的态度来呢？这大致有两个方面。

一方面，需要从小教育，如果能够把旅游的发展、把对外来旅游者态度的教育写到整个乡土教育教材当中去，进入教育体系当中去，从小就培养这种意识，是一个长久的方向。

另一方面，如果在这种教育和友善态度缺失的情况下，景区如何做到更好地培育和引导，就需要有一个获利机制设计的问题，就是怎么样让当地人知道，对外来旅游者友善好客，是跟自己的利益密切相关的，能够从对外来旅游者友好这个行为上得到相应的回报，那当地居民的积极性也会不一样，表现的态度可能就不一样。那么问题就来了，如何设计相应的获利机制，让当地居民能够从中获利呢？如果在发展旅游的过程当中，让当地的每个人都能够有平等的机会参与到旅游经营当中去、参与到旅游服务当中去、参与到旅游管理当中去，就能够从一个普通的居民转变为旅游业中的一个从业者，这显然可以获取相应的收入，去从事服务或管理工作，服务人员有工资收入，管理人员有管理收入，如果说自己能够在那里做个生意、摆个摊，当然也能够有经营上的收入。也许当地人没有钱来做生意，那怎么办呢？所以也能观察到，在乡村发展的过程中，在金融支持上，会有些小额信贷的支持，小额贷款或者联保小额贷款。如果当地村民经济条件不太好，单个去做小额贷款可能不行，就可以几户联合去担保，然后获取小额贷款，从而能够参与到旅游经营中去。如果在土地政策有所变化的情况下，很有可能也可以通过土地的方式来增加旅游获利的途径。

通过就业的方式来获利的时候，当然是比当地居民不就业的时候会有一个增长，这当然是好的事情。但从一些相关的研究中发现，以劳动力的支付去获取利益和以资本投入的方式去获得利益相比较的时候，劳动所得和资本所得的差距可能会非常大的。在这里面就有个问题，当地居民除了投入劳动力之外，还能不能够有资本的所得？也就是说，能不能有资本性的收入？资本性收入？如果说可以有更多资本性收入，那又应该怎么来设计？当地人没有钱可以作为资本来做投资，那怎么办呢？怎么让劳动力的投入转变为资本的投入，这也是旅游地在经营发展过程当中需要去研究的。

河北野三坡景区在最初发展的时候，最初发展需要投入，需要修路，它不是简单地老百姓有钱拿来修路，而是老百姓每个人出劳动力去修这条道路。一般的情况下，出多少劳动力就需要每天给当地居民多少工资，但在这里，这个工资不是直接付给当地居民的，而是把应该付给当地居民的劳动性收入转变为当地居民对这个企业、这个景区后续发展的资本性投入。在后续发展过程当中，这个景区能够发展得更好的话，当地居民由于当初劳动收入的投入，就能够有一个资本性的回报。这个设计就是一个很好的转换的方式，既然居民没有资本投入，有劳动性收入，那就把劳动收入转为资本进行投资。

如果不走劳动性收入转为资本性投入的路子，居民就希望能够在劳动投入这个方面获取更多的回报，这个时候怎么办？作为一个普通的就业者，有份收入是不错，那如果能够成为景区管理者，或者成为当地旅游企业的管理者的时候，管理者的收入比服务人员的收入相对要高。那在这时候，能不能找到一种途径，让当地居民从服务性的收入转化为更多的管理性的收入？从服务转化为管理，需要有不同的技能，当地居民可能受教育程度也相对比较低，也没有受过相关的培训，管理的技能也不足。所以，在当地的旅游经济发展的过程中，尤其在贫穷落后地区的旅游经济发展的过程中，能不能够有一些技术性的支持？能不能够给当地居民更多的教育培训的机会？能不能够在援助性资金中安排一定比例的资金是专门用来做培训的。这个培训是专门经过设计的，不是针对这个地区的或者针对这个乡村的每一个人进行培训，为了让有限的资金能够发挥更好的作用，他一定不是直接面向培训者，而是培训培训者。假如这个地区有一千个居民，就在一千个居民当中选出比如十个人进行培训，再让这十个人接受培训之后再去培训其他人，那这个地方的一千个人都会得到培训，这就是培训培训者的项目。在环境发展的过程当中，对社会环境的改善，教育是非常重要的。通过教育改善就业者素质，就业者、当地的从业人员能够给旅游者提供更好的服务，旅游者的体验会更好，旅游体验更好的时候，就会有更多的人到这个地方来消费，旅游需求会得到释放，旅游就业会有更多需求层面的依托，形成一个正向的回馈机制。所以面向当地居民的旅游教育非常重要，可以通过这种教育、培训的方式来提升当地居民的收益，从而改善整个社会环境。

# 第七讲
# 旅游目的地发展：若干关系

## 第一节　概念启动还是产品为首

在旅游目的地发展的过程当中，除了思考资源梳理、发展定位、主打产品、市场营销、优势确定、优势转型等不同要素该如何创新以及应该围绕哪些路径去创新外，还有一些问题在旅游目的地发展的过程中也需要去关注。比如针对旅游目的地资源，常规思路可能是通过相应的定位，然后根据一些主打产品做市场营销推广。但是在市场竞争越来越激烈的环境当中，就需要进一步思考是否可以寻求其他路径以实现更好的效果。究竟是根据市场需求直接围绕着已有资源去生产产品进而把产品卖向市场，还是先围绕着当地的资源特性，塑造出一个能被市场接受同时受市场欢迎的主题概念？产品和概念应该谁为先的问题，在旅游目的地发展过程当中尤为明显，特别是现阶段竞争越来越激烈的时候。

以辽宁的鞍山为例，鞍山有两个非常重要的资源：第一个是从唐朝开始就进入人们消费视野的、拥有丰富矿脉的温泉资源——汤岗子温泉；第二个便是非常著名的宗教资源，即千山风景名胜区及其中的宗教资源。在做规划的时候，对于进行合法的宗教旅游的这部分客源，就要努力挖掘如何能让他们在宗教旅游的同时消费温泉资源。这就要从客源特征来分析，真正宗教旅游的人，他的心通常是非常虔诚的。而如果要体现出非常虔诚的态度，能不能跟温泉有所联系？这就使人自然地联想到古人碰到非常庄重场合的时候，一定要沐浴更衣，体现出庄重、认真的态度，所以从沐浴更衣这个角度切入，就会想到进行宗教旅游活动前要先去泡温泉，沐浴之后再去进行相关的旅游活动。如果这一概念能在市场中形成市场认知，那这个产品就成功了，资源二合一会比单卖任何一个产品都更好。

这种市场概念的塑造并非空谈，就像张家界通过创新营销，在韩国年轻人的心目中树立起一个概念，就是作为一个年轻人，如果不送父母到张家界去旅游一趟的话，那就是不孝的。听起来有些天方夜谭，但实际上他们做到了，所以张家界有一段时间专门到吉林去借了很多韩语的导游，这就是因为韩国人去的太多，本地的韩语导游根本不够用所造成的。让人把到张家界旅游跟孩子对父母的孝心能联系在一起，这就是成功的概念营销。

实际上如果在市场中能够把概念做起来的话，再去开发的产品很可能就会比纯粹只通过资源去开发产品获得更大范围的可开拓空间。比如有一个环青海湖的自行车比赛，单想这个活动可能不会想到会跟旅游产品的开发有实质的关系，但是在整个旅游产品开发的过程当中，围绕着青海湖这个概念塑造出来的神秘青海湖或者它在我国三五千个湖泊中的独特地位，就可能会把这些概念塑造起来，然后再围绕这个概念来做环青海湖的自行车赛、自驾、跑步比赛等很多活动，使产品能得到进一步的丰富。当然再往下就不仅仅环绕青海湖了，环青海湖自行车赛已经开始走向宁夏、兰州。这些都是通过市场努力慢慢把这个概念塑造起来后的结果，先从青海湖的概念塑造然后再从环青海湖的自行车赛的塑造，进一步从环青海湖再到宁夏、甘肃这样地方的延伸，就实现了由概念向产品多元化延伸的效果。

包括著名的香格里拉也是一个由概念到产品的例子。如果之前没去过或者没有看过香格里拉相关的旅游资料或攻略，可能不太了解香格里拉究竟是什么或意味着什么。但是通过《消失的地平线》，或者各种各样的影视作品、文艺作品、文学作品，或者各种口口相传，在很多人脑海当中会产生一个概念，那就是香格里拉是一个世外桃源，是一个人人向往的地方。那在这个概念下就可以做很多东西。把在青海湖做的活动放在香格里拉去做也是没问题的。针对香格里拉核心区域的梅里雪山，还可以将市场瞄准婚礼、爱情这个市场来做文章。同样围绕着梅里雪山的生肖"羊"，也可以围绕着属羊这个特性来做一些相关的文章，这就是从概念当中延伸出来的产品。

结合笔者参与的两个案例也同样反映出这个特点。一个是铁岭，原来给它提出的是一个"快乐老家"的概念，现在这个概念在用，后来河南全省旅游形象中"老家河南"中也隐约可见"老家"的概念性价值和意义。当然无论是铁岭还是河南，在"老家"这个概念下支撑性的产品体系远没有建立起来。另外一个是中卫，提了"大漠水城"这样一个概念，因为原来大家对中卫的认识就是沙坡头、沙漠，实际上这个城市除了沙之外，同样非常丰富的就是水。所以当时利用缺水的沙漠和沿黄河带来的非常丰富的水资源之间的强烈反差给它提了"大漠水城"这个概念，现在它用的是"沙漠水城"的形象。这些都是一些新的概念塑造的案例，也反映的是概念和产品的问题。

## 第二节　旅游者优先还是社区居民为重

在旅游发展的过程当中，还要考虑的就是以旅游者需求优先还是以当地社区居民需求优先的问题，这也是在实际的发展过程当中，经常会碰到的一些矛盾。习惯上来讲，旅游产品生产出来或者旅游经济的发展，通常理解是围绕着旅游者运转的。因为这个产品是要卖给市场中的旅游者的，自然应该以需求来决定生产，所以首先要考虑到外部旅游者的需求。但实际上再反过来想一想，如果根据需求来决定生产，以旅游者需求优先来安排旅游目的地的发展、旅游目的地的服务和配套，那最终的目的是什么？是为了获取更多的利益？那获取这些利益是干什么？只是为了挣钱表现在经济收入上吗？这个经济收入只是体现在数字上吗？还是通过经济收入能够改善当地社区居民的利益、能够改善当地社区居民的生活福利水平、能够改善当地社区居民所处的生活环境、社会表现的提升？那最终的目的是什么？还应该是社区居民生活水平的改善、社区的发展。如果你不重视员工，员工不能够有好的服务态度，那以旅游者为上帝的目的其实也很难实现。所以在旅游发展的过程当中，还是需要充分、客观地考虑到社区居民的利益。在旅游目的地发展的过程中，旅游规划越来越强调社区的参与，要给当地社区更多的权力，在整个社区、区域的旅游发展的过程中给他们发言权，能够让他们为自己的利益来代言。为此，在旅游发展的过程中，也应该进一步考虑去帮助当地居民提高他们参与的能力。

## 第三节　均衡开发还是非均衡带动

在旅游经济的发展过程中，究竟是均衡开发还是非均衡带动？旅游目的地可能会有很多细分的景区，或者有一些细分的旅游目的地，大尺度的旅游目的地，从一个省级的旅游目的地到下面的地级市、县、乡镇，这里面是不是每一个地方都平等地着力、平均地去投资、平均地去发展？还是应该先发展一部分、后发展一部分？在旅游发展的过程中，作为一个旅游目的地或大尺度的旅游目的地来说，一定会涉及这个问题，但是咱们从区域经济发展的角度来说，应该是非均衡地发展的。先要有增长极，增长极起来之后，再产生辐射、扩散效应来带动周边的目的地和景区的发展。先找有优势的发展然后带动后续景区、目的地发展，这个理念是没有错的，但是如果这个地方优先发展变为一个增长极后出现明显极化效应的话，很有可能使消费者、旅游者集中在这个增长极中，很难向周边去扩散。也正是因为这样，旅游目的地才需要发展、挖掘、开发一些大型活动，通过大型活动来达到更好的扩散作用，以解决旅游吸引力从主体区域向周边区域释放、转移的问题。

## 第四节　延长时间还是深化体验

在旅游经济发展的过程中，如果旅游者在当地的停留时间比较短的话，它的延伸消费是很难展开的。所谓的吃、住、行、游、购、娱这六要素，如果游客停留的时间比较短，那可能除了"游"这个要素外其他要素的消费就可能很难展开。在旅游经济运行的过程当中有一些经验，比如作为一个旅游目的地，旅游者能够在旅游目的地停留 2 个小时以上，他就有可能会产生餐饮的需求；如果能停留 6 个小时以上，就有可能产生住宿的需求。关键的问题是怎么让消费者在这个地方延长停留时间？要延长停留的时间，在当下外部交通条件高速化的背景下是很难实现的。有很多地方在讲到旅游经济发展困难的时候，就意识到外部交通条件的不便利是使游客在该地方的停留时间减少、进而使得旅游收入下降的原因。比如，原来外部交通条件不那么便利的时候，游客从杭州到宁波去可能没法非常便利地从宁波回到杭州，往往会选择在宁波住一个晚上，这就为一系列的消费展开带来了更多可能。但在交通很方便的情况下人们可能就不在宁波住了，从杭州出发到宁波玩一下，东钱湖转一转，杭州湾转一转就回去了，相关消费就没法产生。所以有些旅游目的地会将无法发展旅游经济怪罪于交通条件的改善，同时也会把旅游停留时间减少归结于交通条件的改善。

那么作为旅游目的地，要延长停留时间是不是应该依靠不便利的交通使得消费者进来之后就很难离开？显然在现实情况下，不可能从这个方面去考虑问题。目的地需要做的工作是如何去进一步深化旅游者的体验，给旅游者提供更多的消费选择，用发展的眼光去看待旅游目的地，通过对旅游资源利用的调整开发出更多产品来供消费者体验。

比如，原来有很多外国的入境游客到上海去旅游时，因资源的限制实际上不太喜欢在上海作更多时间的停留，入境旅游团的旅行社线路会安排较短的时间在上海停留，上海更多的是承担一个集散中心、集散地的功能。但是后来在20世纪90年代初期，上海开始大力发展都市旅游，发展都市旅游之后，很多外国旅游者主动提出来，希望能够在上海多停留点时间。甚至上海的菜市场都能成为外国入境旅游者的深化体验非常重要的一个因素。这就是上海在都市旅游的发展过程当中，对于外国人的消费模式和中国人的消费模式在理解上的一个深刻认识，中国游客其实比较喜欢浮光掠影地去旅游的，表面看一看尤其看那些震撼力的东西、那些标志性景观。而外国的很多旅游者，他们非常喜欢深入地跟当地的居民有更多的接触，希望通过旅游能够对当地的文化有所了解，所以发现外国人对跳广场舞的活动很感兴趣就不足为奇了，由此可见，夜间的娱乐活动未必一定去看那些主题的演出。这些东西都是跟对资源的认识和对市场的分析有关系，从资源认识到产品开发，从深化体验到自然地延长停留时间，这是旅游目的地深化发展需要转变的思维。

# 第五节 资源性产品还是概念性衍生

在旅游目的地发展的过程当中可能还会涉及一个问题，就是旅游目的地在发展旅游经济的过程当中，是通过旅游的发展带动更多旅游目的地经济持续发展，还是通过旅游的发展让那些围绕当地的资源进行产品开发的企业去获利？通常可能会认为，发展旅游业当然希望通过旅游资源的开发、产品的开发带动旅游目的地经济的发展。但实际情况远不是这么简单。比如在旅游发展初期，有很多旅游目的地为了能够获取更多的外部需求和旅游市场，会出台一系列的鼓励性政策。其中一项政策便是围绕着旅行社给这个地方送多少团，然后根据输送的团队游客数量来给予相应的奖励。这个从表面上来看是没有问题的，因为一个旅游目的地新进入市场的时候，旅行社团队对它在市场中快速形成影响的作用是非常大的。不过，同时应清楚地认识到，外部的旅游企业在利用这个地方的旅游资源获利时，也会对资源产生一定损害。如果真的资源被破坏了，它可以再利用另外一个地方的资源，然后再去获取相应的利益。但是作为一个旅游目的地，如果自己的资源被破坏了，它的资源依托就没有了，可持续发展的凭借就没有了，旅游经济也就不存在了。这就像中国的放牧，牧民是哪个地方水草充沛就把羊群赶到那个地方去，这个地方水草吃得差不多了就又转场到另外一个地方去。对于放牧人来说，他总是可以得到新的牧场新的草场获得新的发展的，但是对于水草所在地来说，这个资源就被破坏掉了，虽然表面上当期它也获得了一部分利益，但是持续地发展会受到影响。

所以，非洲的肯尼亚虽然有非常丰富的动植物资源，很多欧洲国家旅游服务机构组织本国的居民到肯尼亚去进行生态旅游，但肯尼亚除了对这些游客收取门票之外，会专门收取一个跟生态资源保护有关的费用，通过税费的增加来保护这个地方的资源。不限制资源的使用与开发，但通过提高使用成本的方式提升游客对资源使用的环保意识，这就是可持续发展的理念重要的体现。

## 第六节　居民生活改善还是目的地国民经济带动

旅游发展是改善当地居民的生活，还是要带动当地国民经济的发展，这也是一个问题。比如说欧洲很多发达国家在援助非洲的过程中，做了一个PPT的旅游扶贫项目，这个项目就是希望通过旅游发展方面的援助来带动当地村庄村民生活的改善。通过对村庄里面资源的开发，可以带动这个村落里面的居民生活的改善，也可以来带动这个村落所在乡镇的经济改善，甚至带动更广泛县域的、市域人们生活的改善。这些空间尺度是不一样的，空间比较小时，那就是纯粹改善这个小尺度空间中居民的利益，空间比较大的时候，那就是带动整个目的地国民经济的发展。旅游发展的方式也会因空间尺度的大小而发生变化。

可以想象，解决一百个人、一千个人、一万个人的生计或生活水平改善，对这个地方资源发展来说、产品开发来说、整个后续的配套来说，是不是不一样的？随着期待带动改善的空间尺度的变化，整个旅游模式就会不一样，就会发生变化，相应地就需要采取不同的路径、不同的方式来开发资源。

## 第七节　政府主导还是市场为先

最后有一个涉及政府主导和市场主导的问题，就是在旅游发展的过程当中，究竟是应该政府主导还是市场主导？在我国过去的三四十年旅游发展过程中，很重要的一条经验就是坚持了政府主导性的发展战略，在未来的发展过程中也还需要考虑政府作用发挥的问题。那究竟应该是政府主导还是市场主导？就大的方面来说，整个国民经济总体都要向市场化的方向去发展，旅游经济的发展、旅游目的地的发展自然应该是市场主导的，需要做的不仅仅是判断是不是市场主导，而是如何通过市场，转低配置为高配置，化低效率为高效率，同时应考虑政府如何结合市场来实现更有效的管理。也就是说，政府应有政府的分工，市场有市场的分工，各司其职来推动旅游目的地的发展。其中政府主要应做的包括维护旅游市场交易秩序、提供包括目的地形象建设为主的公共产品、解决外部性以对旅游相关供给厂商提供创新保护、改善信息不对称以保护旅游者权益。

首先，政府一定要维护旅游市场的交易秩序，整个市场交易的秩序需要有在买卖双方之上更宏观的一个调控主体来调控。只有市场交易秩序好了，买卖双方交易关系才能够和谐地运转下去。在维护旅游市场交易秩序的时候，政府一定要用发展的眼光来看问题，因为旅游市场上的主体在随业态变化而不断变化，政府治理的范围和对象也在变化。

比如在一个互联网环境中，在一个新的发展环境与新的旅游产业生态系统当中，类似一元门票等现象可能是一个创新的现象，而不能把它简单地归结为扰乱市场秩序，要从产业生态闭环和旅游产业生态圈的角度去认识它。

其次，就是旅游目的地在发展的过程中，对于大家都会从中获利，但是大家对这个获利的源头又没有足够的积极性去建设的东西，就需要政府投入力量、投入资源来打造。这包括旅游目的地形象在内的一系列的公共服务、公共产品。这与旅游经济实际是一个共享经济有关。这个共享经济不仅是旅游者会来共享旅游景区，实际上众多的旅游目的地的企业都会来共享一个良好的旅游目的地形象。这个旅游目的地形象好，那在这个旅游目的地当中的旅游需求吸附能力就强，旅游需求吸附能力强意味着旅游供给价值实现的机会就多。

只不过在现在的市场环境与市场经济建设的过程中，由政府来做的目的地形象，它也可以采取公私合营的方式来做，或者通过专业外包的方式来做，责任的实现路径可能发生变化。

比如厕所有没有可能成为互联网的一个入口？在互联网非常发达的环境当中，其实有很多体检在日常生活中甚至在旅行的过程中都可能可以解决掉，或者借助互联网的方式获取健康数据解决问题。这样去思考的时候，类似厕所建设这样的公共产品供给的压力就会减少很多。

再次，如果外部性存在对供给积极性产生负面影响的时候，政府就需要采取一定的方式方法来解决这些外部性，或者减少这种外部性。这种外部性在旅游行业里面最突出的就是创新保护不够的问题。

旅游目的地生命周期一定是由很多小的产品生命周期构成的，也就是说有很多企业围绕着这个旅游目的地资源不断做创新，形成新的产品之后，一个一个新的产品生命周期支撑起整个旅游目的地的生命周期。创新是旅游目的地发展所需要的。但由于创新保护不够，创新不能给创新企业带来更好的利润，创新积极性就不高，那这里面就有矛盾了，解决问题的第一个方案就是通过政府的力量为创新企业的创新进行保护，尤其是帮助创新企业树立品牌形象或市场知名度。

最后一个方面，作为政府主导来说，维护旅游市场交易秩序也是保护市场当中交易的主体之一旅游者，但是一定要保护得到位。要知道应该怎么去保护消费者，千万不要消费者其实不需要保护的时候去保护。

也需要关注到，随着技术的发展，现在有一些角色可以来替代政府，来承担解决改善信息不对称、保护消费者这个责任；随着人们在线评论的积极性的提高，人们分享信息的欲望越来越强烈，在线的消费信息会越来越多，消费者就可以根据别人的消费经验来做自己的消费决策。因此，通过在线评论的分析能更好帮助消费者，保护消费者。

# 第八讲
# 旅游市场营销：现存问题与理念调整

## 第一节　旅游市场营销的问题

### 一、市场营销

（一）什么是市场

从旅游产业生态的角度看，市场除了消费市场以外，还需要加上资本市场、政策市场，以及人才市场。此外还有本地社会价值的提升以及本地居民诉求满足的问题。

（二）市场在哪里

如果还是把焦点放在最受关注的消费者市场上，那应该通过什么样的方式去了解消费者究竟在哪里？究竟有什么样的特征？市场营销工作只有了解这些信息，才能有针对性地设计营销方案。通过传统的方式可以解决消费者在哪里等问题，例如发放调查问卷，或是请专业调查公司进行调研，有一整套传统的方式可以使用。在新的环境中，除了传统的方式之外，有没有新的方式去了解潜在受众在哪里？比如充分利用现在的互联网技术，来定位消费者在哪里。为什么消费者可以在键盘上，在网络中呢？从中国互联网发展报告中也可以看到，网民平均每周上网的时间在不断增长。不仅仅是人们上网时间在增长，人们对于网络信息的信任程度也在不断提升。不仅仅城镇居民对网络依赖程度很高，乡村居民对网络的依赖程度也很高。既然大家都会把大量的时间花费在网络上，那么就一定会在利用网络的过程当中留下痕迹，包括你的搜索痕迹，你在网络上操作的每一个步骤，在网络空间当中都会留下痕迹。比如，通过百度来查找资料的时候，就会留下记录。百度作为一个搜索引擎，也可能是人们在利用网络的时候，使用最多、最频繁的。有资料显示，百度覆盖中国网民的比率是95%多。人们每天至少向百度发起60多亿次的搜索请求。可以想象，60亿次的搜索请求会带来多么庞大的数据积累。人们在线获取旅游相关信息的时候，实际上有很多是通过百度得来的。这就意味着当你想去了解潜在用户时，是可以通过百度来掌握消费者的信息的。

在获取旅游信息的时候，排在第一位的是搜索引擎，之后才是旅游类的垂直网站，以及在线旅行预订网站，此外还有门户网站和点评网站，等等。可见搜索引擎起到非常重要的驱动作用。有很多旅游预测研究会使用百度指数等数据进行研究，正是因为百度搜索趋势的变化和我国国内旅游的人次曲线重合度是比较高的。随着时间的推移，"80后""90后"甚至"95后""00后"会逐渐成为市场消费的主流人群。简单来说，年轻人会成为市场消费的主流人群。百度用户中年轻人群的覆盖率和电视媒体用户中年轻人群的覆盖率也可能会有差别。由此，也可以看出具有消费能力的年轻人获取信息的渠道如何。

旅游目的地对于营销时机的把握，一定要有提前量。消费者去获得产品相关信息的时候提前量是多少？如果能了解到这个信息，对营销传播会有很大的指导。因此通过对大数据的挖掘后，可以发现这样的信息：人们大约会提前多少天了解相关的信息，包括去哪儿旅游的问题，接下来会考虑到哪个地方去，有什么景点，到这些景点有什么攻略，怎么游览，接下来他们才会订机票、订酒店。所以，如果消费者在网络空间中留下的痕迹能够提供这些信息，那么旅游目的地就可据此作出预测或安排。

比如，在假期前两周，通常会出现检索的高峰期。这对于判断一个旅游目的地什么时候会有大量游客前来，大致会有多少游客，会有多大的拥挤程度，就很有意义。在旅游发展的过程中，如果对拥挤的高峰没有准确预判的话，那么旅游高峰期的预案就很难做到位。通常情况下小假期前一个月时，对于景区的搜索数量就会开始上升，假期前三天时会达到搜索的高峰。国庆、春节这样的长假期，人们则可能提前三个月就会去了解相关的信息，搜索频率会在假期前一周达到高峰。

百度指数使用中，通常会有两个不同的指标：一个是用户的关注度；一个是媒体的关注度。在实际的监测中，关注程度也可能会不一样。从监测来说，媒体的关注度是增长的，但是用户的关注度可能是下降的。也可能相反，用户的关注度是上升的，而媒体的关注度是下降的。这说明进行营销的时候，大家都知道需要去选择媒体来进行营销信息的推送，信息要通过媒体传播出去，因此在实际营销的过程中，经常会过多地把工作焦点放在选择媒体上。我们之所以要选择不同的媒体，是因为不同的媒体可以影响到不同的受众，问题的核心在于受众，媒体只是达到影响受众目的的一个手段，千万不能混淆了手段和目的。不要把影响受众的营销工作简化为寻找媒体，或者是寻找覆盖面最大的媒体。

简单来讲，如果要选电视媒体的话，一般都会选择中央电视台。因为中央电视台的覆盖率往往比很多地方电视台的覆盖率要高。但是如果你的潜在受众对中央电视台的关注程度比较低的话，那么选择中央电视台就不足以影响你的受众，很有可能你的受众比较喜欢从芒果台上获取信息。这种情况下，中央电视台广泛的覆盖率与你的营销以及你要去影响的受众之间就没有关系。所以在营销的过程中，要清晰地记住一点，寻找受众，寻找用户，而不是简单地去寻找媒体。这一点经常会被忽略。举一个最简单的例子，有很多地方政府、地方旅游局，花费上千万巨资在覆盖率很高的电视台投放广告，然而这样的举措是不是真的能够影响到潜在的消费者，或是为这个地区带来潜在的消费者，还尚存疑虑，而且目前还很少看到类似营销活动与营销效果方面的研究。相比而言，互联网工具可能以更低的成本获取更及时、更大量的数据，并以此了解市场究竟在哪里，改进的空间究竟在哪里。

## 二、旅游市场营销的目的和要素

### （一）什么是营销

众所周知，市场营销有 4P：合适的产品、合适的价格、合适的渠道、合适的人群；市场营销就是把合适的产品，以合适的价格，通过合适的渠道送达合适的人群。对于这些概念的理解可能会涉及两个问题：第一个问题是在营销的时候，想要达到什么目标，营销的目的又是什么？第二个问题，既然营销包含产品、价格,那产品价格和市场之间又有什么样的关系?

第一个问题,营销的目的是什么?销售出去还是比如企业形象知名度等其他目的。知名度可以增加市场对企业的认知,销售是扩大市场对产品的购买,从企业角度来看,企业耗费大量的时间和精力进行营销,目的是提高利润。在这里可以思考一下,企业为扩大市场认知时所采用的营销手段、营销设计和要扩大市场购买量时所采用的营销手段和营销设计,以及需要提高利润时所采用的手段和方式方法的设计可能都是不同的。所以首先需要明确地告诉自己,营销想达到什么样的目的。很显然,人们了解你,未必会来购买你的商品。市场认知和市场购买之间存在着一个递进的关系。市场购买和利润之间也有一个递进的关系。如果你想扩大市场认知,只是想让消费者了解你,可能主要考虑的是媒体的覆盖率以及想去影响的受众之间的匹配度的问题。如果想扩大市场的购买,有可能不需要这么大规模的营销推广,直接从价格上入手或许就可以起到营销的目的。价格战就是把价格策略作为营销的最重要的手段和方法,以扩大市场购买。原来卖一百块钱的商品,现在只卖十块钱,那这个产品的销量很容易比一百块钱的产品的销量更高。不过,虽然销售的数量很多,反而有可能亏本。相反地,要提高企业利润,未必一定要扩大市场销售,也可以采用提高单客消费价格的方法。同样的产品,五块钱卖给两个人和三块钱卖给三个人,最后的结果是差不多的。如果结合到上述的问题,接待两个人和接待三个人对环境的破坏是不一样的,对持续利润的影响是不一样的。因此,只有明确了营销的根本目的,之后的方法、手段才能明确,才能制定出相适应的营销策略和方案。

提到营销的时候,还会涉及另一个层面的问题,人们习惯的说法是营销与需求有关,传统的促销是根据生产来销售并和市场衔接的。现在提到营销的时候,是指根据需求来决定生产,因此营销其实和需求有着密切的关系,那营销就要选择是去适应已产生的需求,还是去挖掘潜在的需求,或是去创造未来的需求。从对需求的把握上来说,也有不同层次。张维迎曾经把企业家分成三种类型:不仅能创造产品也能创造产业的企业家,满足市场上已经表现出来的需求的企业家和按订单承接发包商业务的企业家。这三种类型的企业家分别对应创造未来需求、挖掘潜在需求和适应性需求。

## （二）产品、价格、市场

首先，如果想更多地扩大市场购买力，可以通过降低价格的方式来拓展市场；但另一方面，降低价格也有可能会产生负面影响。价格降低，产品里内含的价值是不是也相应降低了？如果降价会带来价值的降低，那么降价对市场的刺激作用就没有那么强了。比如原本价格是一百块钱的商品，可以让消费者享受到十项利益，现在价格降到十块钱，此时就只能带来两项利益了。消费者的判断会觉得还不如花一百块钱购买十项利益更值当。因此，降价未必能够刺激市场的拓展。这也就意味着，如果想通过降低价格的方式来拓展市场，还得去考虑可能性的问题，降低价格的同时，保持价值不变，甚至适当地提升它的价值。价值上升，而价格下降，消费者就会愿意购买，此时就能扩大市场的购买量。但是问题在于，提升价值的同时，还要把价格降下来，而且还要为企业带来利润，通过什么方式才能够既降低价格又提升价值，同时成本还可以降低，在低价的情况下带来相应的利润？这是企业需要去考虑的问题。通过创新的方式，来降低价格并提升价值，这两个表面上看起来完全背离的现象，应如何去满足它？这就是价值创新战略。此时再回想之前所提到的经济型饭店出现的内在逻辑，那条价值创新曲线就是解决这个问题的钥匙。

上海春秋旅行社创新从上海到九寨沟的旅游产品。上海到九寨沟的路线是从上海飞到兰州，而兰州支线机场的繁忙程度和成都双流机场相比较，肯定是不一样的。它第一步的选择就暗含了成本节约的空间和可能性。我国不少机场尤其是一些运输需求疲软的机场所在地政府会对起降或中转航班给予政府补贴。如果做得好的话，一个航次中地方政府的补贴达到十万也有可能。

第二步是从兰州进九寨沟的时候，不是乘坐飞机，而是乘坐大巴，然后从九寨沟飞到成都，成都飞回上海，这是一个三飞的路线。可以想象，从兰州到九寨沟乘坐大巴肯定也比乘坐飞机便宜。这两步下来，成本大大地降低了。而产品推行到市场以后，消费者的反映非常好，这个产品从推向市场就一炮打响。为什么消费者在价格如此低廉，路途还这么周折的情况下，仍旧觉得这个产品非常棒呢？这与兰州到九寨沟这一段路途中乘坐汽车的安排有着非常重要的关系。正应了一路风景一路行这个概念。从兰州到九寨沟可以一路看风景，如果乘坐飞机的话，这个风景是根本看不到的，所以消费者会觉得非常值得。该线路成功之后，上海春秋又如法炮制：从上海到西双版纳，不是直飞到西双版纳，而是到昆明，然后从昆明走高速公路进入西双版纳，主打的市场口号是"唯一穿越原始森林的高速公路"，这个产品也做得很好。显然它比直飞的成本要节约不少，价格会有所下降。而人们觉得高速公路穿越原始森林，会是一个很棒的体验。所以当你面临价格下降价值上升的背离问题时，一定要找到新的方式去解决，只有解决掉这个问题，产品才能真正地在市场当中推行开。

当然，在低成本旅游的阶段，低价格往往会有极强的吸引力。比如零负团费的现象。如果购买这样的低价产品，有可能会受到什么待遇，遇到什么问题，甚至碰到"黑"导游的什么样的刁难、指责，现在信息传播的速度如此之快，一些新闻媒体又如此喜欢追求轰动效应，旅游者不可能不知道这些信息和问题。但他们还会购买这些产品，这与人们在旅游的过程中的支付能力有关系，与旅游发展的初级阶段有关系，与对低成本旅游阶段的低价偏好有关系。随着生活水平的提高，花钱买服务的意识会逐步提高，这种现象会慢慢消失。所以提到营销的时候，首先需要了解这点。

### （三）旅游市场营销中存在的问题

旅游市场营销普遍存在的问题，大概可以关注六个方面。

第一个方面，企业在选择媒体和营销渠道的时候，和它的受众以及目标市场之间的关系。旅游目的地和旅游景区在营销的过程中往往比较强调营销媒体和渠道本身受众的覆盖率，但是覆盖率和受众群体以及目标市场本身之间的关联可能比较弱，也就是说在覆盖率比较高的媒体上进行了太多投资，但是与自己的目标市场又没有交集，从而使得营销方式的性价比低。在旅游经济发展的过程中，对经济比较落后并想通过旅游发展来带动经济发展的区域来说，这实际上是非常不合理的一种费效比，即营销花费与最后达到效果的比例不理想。如何提高费效比是旅游市场营销的过程中迫切需要关注和解决的问题，这是两者匹配性的问题。

第二个方面，随着可以使用的营销渠道不断增加，在营销的过程中，投资像天女散花一样，这里投一点，那里投一点，表面上百花齐放，各种营销方法都涉及了，但是最后所起的营销效果可能不尽如人意，或者是营销的深度不够，市场营销的各个渠道和方法之间的组合混乱，导致营销层面上的广种薄收。营销面很广，但每一个面都没有深入下去。尤其是营销方式太多的时候，究竟应该选择哪种作为主导方向，哪些作为辅助支撑，没有考虑周全。

第八讲　旅游市场营销：现存问题与理念调整

第三个方面是在营销的过程中，总体营销费用的投放，更多地投在了传统媒体上。对于传统媒体的利用和资源分布的分析比较多，而对新型媒体的研究并不是很多。新型媒体又恰恰是现在市场中主流人群获取信息时最关注的一个信息渠道。从人口结构上看，15岁到19岁、20岁到24岁、25岁到29岁、30岁到34岁这四个年龄段在整个市场中所占的比重是比较高的。在进行市场调查的时候，如果涉及被调查者的社会统计特征，例如性别、年龄段、收入状况，这些社会统计特征的界定并不是随意划分的。年龄结构的确定，应该与某些统计数据、统计口径尽量吻合。收入状况的分层也是如此。中国旅游统计年鉴中会涉及收入的分层，所以调查分层需要与那些已有的分层尽量地吻合，这样才能够方便数据之间的互相印证比较。人口结构中可以看出，上述这四个年龄段所占的比重是比较高的。而现实中旅游者的年龄结构，所占比重比较高的也是15到24岁和25到34岁这两个较大尺度年龄段。这两个年龄层次游客之和占市场的比重超过了50%。可以想象，这些成长在市场经济与互联网时代环境中的消费者，如果在他们所习惯的信息获取渠道不能接收到目的地所营销的旅游目的地的信息，那么想吸引更多的年轻人、更多的市场主流人群到这个旅游目的地来是不太现实的。从这个角度来说，应考虑到年龄层次和现实消费人群中年轻人结构的问题，需要更多地向新媒体营销倾斜。

从关于网民的数据可以得知同样的网民规模下互联网的覆盖率。2014年网民的规模达到6.48亿，互联网的普及率达到48%左右。可见互联网本身的渗透率和覆盖率其实也很高。如果这6亿多网民、48%左右的覆盖率和渗透率，所涉及的网络中的事物与旅游无关，那么也就不需要去关注新媒体了。而实际情况恰恰是越来越多的人选择在线进行旅行的预订，包括PC端和手机的预订等。在用户的规模上，2013年是1.8亿用户，2014年有2.2亿用户进行在线旅游预订。网络的渗透与覆盖，与人们在线旅游和旅游消费的行为是密切地联系在一起的。包括火车票的订购、机票的订购、酒店预订，越来越多的人开始在网络上订购旅行度假产品。如果希望促进人们通过网络购买旅行度假产品，就国内目前的发展情况，还存在着很多欠缺，许多在网络上销售的旅行产品，实际上有很大一部分是线下旅行社将打包产品放至线上进行销售。但是如果网络销售能够进一步发展，网络上的度假产品并不应该是固定的线路，而是越来越多开放给消费者在网络上自行打包的产品。例如去三亚度假前，可以在网络上把三亚的酒店、演出、旅游休闲活动等在一家网站上实行动态打包。这样，市场上通过网络来预订旅行度假产品的比例就可能会进一步提高。现在的状况则只是线上与线下的转换、销售平台与销售空间的转换。在线旅游企业自身提供可以让消费者自由打包的旅行度假产品的情况相对较少，可供发展的空间依旧较大。

第四个方面的问题是，在营销的过程中，很多目的地比较喜欢进行例如宣传会、说明会、推介会等营销活动。这些活动往往一年中会举办几次，但如果仅仅希望通过几次营销活动就能够打开整个旅游目的地的市场，也是不现实的。通过一些运动式的旅游营销活动来推广旅游目的地的方式用得多，但对于旅游营销整体的系统设计，做得并不太到位。很多旅游目的地在发展的过程中，比较重视旅游规划的问题，并且逐渐开始重视旅游策划的问题，但如果让旅游目的地拿出一个系统的营销方案或是整个营销规划，大多数旅游目的地依旧无法做到。也就是说，很多目的地对于营销的重视程度还主要是停留在进行营销活动上，这是一个比较大的问题。

第五个方面，就是在营销的过程中过于关注营销活动本身，而对营销效果、产生影响的产品开发的关注则比较少，进一步地，对消费者的评价反馈的关注也比较少。传统的观点认为市场营销是营销部门的责任，与产品研发部门没啥关系。但实际上想要获得好的营销效果，除了"吆喝"要到位之外，产品自身的质量也一定要过关。正所谓"巧妇难为无米之炊"，如果没有后台，没有产品研发与创新部门，仅凭营销部门就希望能够为新产品获得出彩的营销效果，显然是不现实的。此外，还需要关注消费者的评价反馈，是不是能够将其充分利用到营销当中。评价与反馈不仅是非常重要的信息来源，能够帮助改善后续产品，而且是一个能够让后续推出的产品尽量优化的重要渠道。在另一方面，能够及时进行反馈跟踪，也就意味着很有可能真正抓住了回头客市场，而不是在旅行结束之后，彼此就没有关系了。在现实中也可以看到一些企业的营销行为，比如优惠券的发放等，然而发放优惠券的方式恐怕不如主动搜集消费者的评价能够带来更大的创造回头客的机会。

在消费行为领域里，有一个很有意思的实验：珠宝厂商设置了两个实验组，在其中一个实验组里面，消费者购买珠宝一段时间之后，该厂商会向消费者寄一封感谢信；另一个实验组里，珠宝厂商告诉消费者，您对本企业的发展非常重要,除了一封感谢信外,还会发给顾客一张优惠券,如果下次再来购物,可以为顾客提供折扣。对比这两种不同的与消费者建立联系的方式,大家通常会觉得发放优惠券的方式优惠力度更大,这种方式可能会吸引更多回头客。实际上,反而是没有发放优惠券,只写了一封感谢信的那个实验组能吸引到更多的回头客。这里可能涉及了消费者认知的问题。只有感谢信的实验组,消费者会认为企业确实很重视他;附带优惠券的实验组则会令消费者认为,企业之所以会写这封感谢信,是因为他希望能够把这个优惠券给你。在此可以看出,重视消费与重视消费者之间,虽然只有一字之差,但是产生的效果可能是完全不同的。消费者的归因很重要。因此从企业的角度来看,如果能够更扎扎实实地去进行消费者反馈意见的收集,对企业的营销可能更加有价值。

第六个方面,企业对营销效果的跟踪评估,或者是所谓营销绩效的评估,目前的工作还有不足。当然,这种不足与评估机制设计上的困难有一定的关系。投入市场有关的花费,究竟有没有效果?有没有带来客源?客源中有多大的比例是与这笔投资有关系的?客观上要回答这些问题很困难。如果想要对这些数据进行跟踪,就需要去研究销售反映函数,比较困难,目前还没有一整套科学的评估跟踪机制。

**(四)网络营销不等于旅游网站**

在旅游营销的过程中,需要加强新媒体的营销、加强网络营销,然而网络营销与旅游企业和旅游目的地建立的旅游网站,两者之间有什么关系?一方面,作为旅游目的地,需要进行自我营销的时候,要去到客源地对旅游目的地进行营销,也就是把旅游目的地拿到客源地,在消费者还没有出门的情况下,去面向他们进行营销。另一个方面,在进行目的地营销的时候,还涉及消费者已经前来旅游目的地之后,应当如何营销的问题。因此平时所讲的旅游目的地营销,实际上是指在客源地营销目的地。至于真正的目的地营销目的地的发展状况,以及它与客源地营销之间又是什么样的关系,是在解决前面这六个问题的过程中,可能会延伸出来的问题。

一般情况下,要通过网络进行营销的时候,建设网站无疑是一个非常好的方法,要将架构建立起来,通过这个平台去传播更多的信息。比如说旅游目的地的当地旅游局,或是景区的官方,由他们建立起官方的网站。消费者对官方网站所提供的信息有权威性的认知,更具可信性。所以建立网站作为网络营销的平台，是完全没有问题的。关键的问题是，通过官方网站来进行营销的时候，是不是可以了解到浏览这些网站的都是什么样的人，能不能为这些网站的访问者画一个人物画像，完善他们的人口统计特征信息，包括年龄、性别、地域等。此外，这些人来浏览网站的时候，是不是点进网站看一下就退出了，还是看了首页之后，再点进第二层、第三层，一层一层地浏览下去，只看网站首页便离开和不断地一层一层地浏览下去的访问者对于网站而言，他们的黏性是不一样的。此外还可能需要了解，消费者浏览官方网站时，在整个网站的架构当中，网页页面哪个区域的信息最受关注。在浏览的过程中，能不能再进一步了解到这个访问者来自于哪里？有什么地域的特质？消费者是直接通过地址栏输入网站的域名，还是通过百度搜索来的，或是通过其他的方式找到这家网站，这些信息都需要进行了解。客观而言，估计多数网站都无法提供这些信息。它所能够了解到的，只有网站访问量的统计。但网站被访问了一千万次、两千万次，与营销之间的匹配度究竟有多大还很难说。很多时候，虽然网站的访问量看上去很大，但实际上人们只是看一眼网站首页就离开了。这样的消费者是没有黏着度的。只有了解访问者这些信息，才能够帮助目的地或企业改善网站的结构与内容，从而真正让网站成为网络营销的平台。从技术上要做到这些应该不难，关键是对此是否真正重视。

是否要建设官方网站不能一概而论。在进行网络营销的时候，有时并没有必要专门对此进行人力和财力的投资。如果不去建立自己的网站，而把钱花在那些有公信力、有影响力的非旅游网站上，例如在相关平台上开设一个景区的网店，或是开设一个旅游目的地的网店，甚至于在社交网络上或是社交论坛上开一个圈子，开一个群，都有可能比设立自己的官方网站效果好。正所谓站在巨人的肩膀上可以看得更远。对于网络营销来说也是一样，很多旅游目的地花费了人力、物力、财力，建设了网站，但却成为一个摆设，没有人通过他的网站去获取更多的信息，这种情况下还不如在其他具有影响力的平台上开设一个网店。比如，新加坡旅游局在开拓中国市场的时候，就是选择类似于天涯一类的论坛去开设国家网站。所以，在涉及网络营销的时候，和官方网站之间的关系一定要处理好。

（五）目的地营销不等于客源地营销

这里的目的地营销是指旅游者已经到达旅游目的地后，怎么对其进行跟踪

## 第八讲　旅游市场营销：现存问题与理念调整

营销推广的那部分。所谓客源地营销，顾名思义就是前去客源地营销目的地的产品。我们现在欠缺的是，当顾客已经到达旅游目的地之后，在现成的市场里，有什么办法可以抓住顾客。现在的问题不是没需求，而是到目的地后能否及时获得精准推荐的问题。中国人的消费观，一种是量入为出，根据收入的多少来计划花销；也有一种方式叫量出为入，考虑到花销多少来决定挣多少钱。这是两种不同的消费观。还有一句俗话叫作穷家富路。消费者既然有这种穷家富路的心理，并且有这种行为，那么在研究旅游市场的时候，对于已经来到这里的旅游者，一定有某种可以进一步挖掘的空间，更何况现在的支付方式也在变化。旅游者的预算是一千块钱，如果营销得当，是完全有可能让他在这里多花费的。问题就在于怎么能够让旅游者把除了一千块钱的预算之外多花钱，这就涉及在他到达旅游目的地后进一步引导的问题，告诉他来到这个旅游目的地，有哪些值得消费的项目。旅游目的地需要建设问询中心、游客中心。这些游客中心、问询中心的建设并不是心血来潮的，是因为问询中心、游客中心在某种意义上来说，是对于现实市场的非常重要的营销渠道。并不是每一个旅游者来旅游目的地之前，到景区旅游之前，都会了解很多关于旅游目的地的信息。随着说走就走的旅行越来越普遍，人们到达旅游目的地之前，对这个旅游目的地的了解也就并不是那么充分。所以，对于这些可游可不游的"摇摆型"旅游者或"机会型"旅游者上门的时候，需要通过精准的产品推送告诉他，这个旅游目的地最值得消费的是哪些产品，如果体验了这些产品，到这个旅游目的地就不虚此行。只要做好客户画像、偏好分析、产品推送和服务保障，这里面的空间很大。

此外，还需要做好客源市场和客源财富的不同判断和处理。所谓市场营销，是向客源市场进行推广，去吸引更多的消费人群，但从实际的营销来说，这只是最基础的一步。因为从这个角度去判断的时候，对客源市场所做的营销可能只是一次性的。如果通过营销努力真的吸引到了这类人，那么这次营销就成功了。但这种营销没有考虑到客源市场是否具有延长性，客源市场本身是否具有生命周期。可以想象，如果对客源市场进行营销，而该客源市场是老年人市场，对老年人市场进行推广与营销，那么这个市场可延展的贡献有多大？如果要去影响的是一个年轻人的市场，那么这一次的营销，例如今年对年轻人市场所做的营销，明年这个市场会不会依旧成为你的市场，后年会不会成为你的市场，5年之后、10年之后会不会依旧是你的市场。显然，这与老年人市场是不一样的，它的延展性可能更好。因此如果能对这样的市场做好宣传与营销，它给你的贡献将不仅仅是这一次的光临。如果能够不断地滚动着去挖掘一个市场的价值，显然这会是一个客源财富，是一个可以源源不断地贡献价值的财富源泉。这就是一个客源的财富，而不是简单的客源市场。

比如，那些国际化的品牌非常善于对儿童市场进行营销，因为它们知道如果能够吸引住儿童市场，那么不仅仅是儿童在他们的整个生命周期中都有可能会成为它们的忠实客户。从另外一个方面看，如果能够抓住儿童市场，尤其是我国的儿童市场，也就等同于抓住了一群围着儿童转的消费者。儿童市场抓住了，父母市场也就抓住了，以及姥姥姥爷、爷爷奶奶这个市场群体也就抓住了。这样，在成功地向儿童市场营销推广的同时，也就能够影响到其他市场。

再进一步，如果要对客源进行营销，营销的方式方法也需要进行调整，不能局限于说明会、推介会和一些传统的营销的方法，需要考虑到产品本身的特性，围绕它的特性去进行新的尝试和创新。旅游消费是一种体验产品，只有体验之后，才能知道这个产品好或不好。所以要考虑通过一些方式方法的创新，让消费者在来到旅游目的地、旅游景区之前，就可以最大限度地去获得关于目的地、关于景区的体验。如果能够做到这一点，就一定可以帮助游客确立购买该产品的信心。例如澳大利亚昆士兰，是最早在北京设立主题体验店的境外目的地。体验店作为一种新的营销方式，对于消费者的决策来说，也是一种推动，即便是对传统的客源地营销也能够产生推动作用。尤其是随着相关技术的创新应用和迭代升级，这其中的想象空间更大。包括对体验店模式和形态更新的影响也将不断呈现。

## 第二节　旅游市场营销的理念

### 一、旅游市场营销需要持续性

旅游市场营销的持续性的问题，即指在营销的过程中，不要寄希望于毕其功于一役，不要想着一击即中。如果能够有这样的认识，那么对于那些节事活动或是大型活动的认识，可能就会更为客观。

在进行营销方案设计的时候，现实当中的营销方案往往是浅尝辄止的一种方案。旅游目的地、旅游景区在进行营销的时候，常会出现这样的情况：今年要主打老年人市场，就主推老年人市场的营销；明年需要主打年轻人市场，就主要进行年轻人市场推广；后年景区要推广年轻人中的大学生市场，就主要针对大学生市场进行营销。第一年向老年人市场推广，第二年向年轻人市场推广的时候，老年人市场的营销却没有跟进；第三年推广大学生市场的时候，其他年轻人的市场也没有跟进。用通俗的说法来解释，就好比每次都刨下一锄头，如果能够在这个地点再刨一锄头，也许就能够挖掘出水源。但是景区的做法通常是在这里挖一下坑，那里又挖一下坑，再换一个地方又挖一下坑，最后每个坑都不会出水。景区需要每年有不同主打的市场，这不难理解，但关键问题是，在确定第二年主打市场的时候，第一年确定的市场是否应当有适度的跟进，进行持续的营销投放。景区在向某一个市场进行主打营销的时候，景区的投资主要花费在了这个方面，然而当第二年市场发生转向的时候，是否应当留有一部分费用用以继续开发原来的主打市场。如果景区每年的主打市场、目标市场都在变化，那么营销效果是不可能好的。包括针对某一个特定市场的时候，通过媒体来进行营销也是同样的。针对老年人市场中老年人习惯的媒体，可能也不止一种，今年在这种媒体上主打营销，明年换另外一种媒体进行营销，最终的效果也未必好。

## 二、旅游市场营销需要针对性

现实当中存在的关于针对性的问题是，景区在营销的过程中比较重视或是将大量资源都投放到传统媒体中去了，对新媒体的关注却不够。在实际的工作过程中，也有可能会产生刚好颠倒的状况。新媒体一兴起，又重视了新媒体营销而"冷落"了传统媒体营销推广，有些景区在新媒体上投入了很多，对传统媒体则不够重视。这种营销方式并不好。并不能因为新媒体不断抢占到制高点，就忽视了传统媒体的价值。传统媒体的价值取决于如何对它进行利用。

举一个最简单的例子，想必大家都知道通过发放传单来进行营销推广的方式。然而现在通过发放传单进行营销推广的，除了房地产企业以外，大多数行业都逐渐放弃了这种方式。发放传单是一种比较传统的营销方式,但这种方式如果可以稍加改变,与别的元素进行融合,也可能是一种非常有效的营销手段。如果能够将营销方式和目标市场很好地契合、匹配在一起,对一个消费能力比较强的客源市场进行推广,就可以定向地给这部分人群发放传单。比如发放传单的方式可以与信用卡的账单送达衔接在一起,这时可能会产生令人惊喜的效果。因为使用信用卡的人群消费能力比较强,消费理念也更为进步,而不是简单地根据先期的收入状况来安排消费能力。信用消费代表的是基于未来收入进行当下消费决策,使用信用卡的人群的消费能力是比较强的。所以如果能够把信息通过这种方式来送达到该类型的消费者,消费者本身的信息转化率就可能会更高。招商银行曾经随同信用卡对账单一同寄送过日本的旅游目的地营销信息,是在日本福岛核电站核泄漏事故发生之后。国内的旅游目的地基本上很少采用过这样的做法。实际上这种做法是值得尝试的,这不仅仅是因为通过发放传单可以提高有效转化率,还因为像招商银行这样的信用卡中心本身就会推出很多旅游产品,这些信用卡中心有自己的旅游产品推广的能力。虽然很少有人会把信用卡作为一个旅行社来看待,但实际上它一年的旅游营收是非常可观的。从招商银行旗下独有的旅游品牌"非常"系列中可以看出,招商银行于2004年首先开始运营"非常新加坡",后来又开设了"非常迪士尼""非常丽江""非常九寨""非常三亚"等一系列旅游产品。

再进一步思考,如果用新媒体来传播信息,而没有传统的媒体进行配合,很有可能新媒体的传播效果也会大打折扣。现在有很多的企业、很多的旅游目的地、很多的旅游景区通过影视作品的方式来进行营销宣传,而如果只在剧作中拍摄这个目的地,或是将其作为一个外景地,那么这种做法对市场的影响力几乎为零。如果只是把这个旅游目的地开辟成外景地,而没有后续的配套跟进,那么影视营销的效果可能也是零。有一种说法,《少林寺》这部电影中很多取景都是在天台山的国清寺完成的,而实际上真正捧红的景区是嵩山的少林寺。天台山进行了影视拍摄,但却几乎没有对这个旅游目的地的推广产生正面的影响。可以设想,如果在影视作品上映的同时,传统的媒体能够跟进,让市场了解到这部电影的拍摄有哪些外景是在天台山国清寺拍摄的,包括和尚拿着两桶水练功的场景跟这个景区之间的关系;并且拍摄和尚拎水的取景地,就是徐霞客六次到访的地方,叫作石梁飞瀑,那么一定能够为天台山带来大量的游客，事实上却是从来都没有人知道这些信息。因此，虽然影视营销的方式现在非常火热，但如果没有传统媒体的跟进，也是无法取得成功的。当然除了传统媒体的跟进以外，在进行影视营销时涉及的各类技巧也很重要。西溪湿地之所以能够通过《非诚勿扰2》一片成名，与剧本中葛优的那句"西溪且留下"台词是有关系的，有这句台词，再通过剧本的设计便能够很自然地把景点推送给消费者。

### 三、旅游市场营销需要系统性

关于系统性的第一个方面，是不同的地区、不同的人群，会有不同的媒体偏好。如果景区要通过电视媒介来传播旅游目的地的信息，显然中央电视台是覆盖面最广的频道，但如果仅凭这个原因就选择把广告投放到中央电视台，也不是一个科学的决策。因为很有可能在某些地区，人们认为中央电视台是最为重要的；而在另一个地区，中央电视台未必是在最为重要的位置。比如在广东地区，可能人们比较少收看普通话节目，更倾向于收看粤语频道，那么中央电视台对于这个地区的影响力或许就得打上问号。此外，中央电视台有很多频道，选择在中央电视台的哪个频道上进行营销推广，就需要去了解传统媒体的营销过程中不同地区对这些媒体的偏好状况是怎样的，甚至不同年龄层次的人对同一媒体的偏好状况是怎样的。再进一步还可能需要了解每一个电视频道中的众多栏目，应该把景区信息放在什么样的栏目中进行推广，这些问题都需要一个一个地解开。之前曾有机构每年都会选取8到10个城市来进行媒体偏好相关的调查。如果能够了解到不同区域人们的不同偏好，再来对媒体进行选择，可能会更加有针对性，或者更为科学。

再进一步时，还需考虑到对栏目的偏好，例如在电视频道中进行营销推广，可能还需要考虑到这个电视频道中会播放什么类型的电视剧，不同类型的电视剧对营销的效果也是有影响的。这就是系统性的第二个方面。其实大家知道有一部分电视剧有着比较浓厚的喜剧色彩，而另一些电视剧可能悲剧色彩比较浓。这两种电视剧的收视率都有可能会非常高，但是将广告放在喜剧中插播与放到同等收视率的悲剧中插播，营销传播的效果可能会有天壤之别。往往在喜剧色彩的电视剧中插播信息的营销效果更好，在悲剧中插播的效果要差。这就涉及营销中的一个概念，要做好营销，一定要考虑情境问题，要考虑到消费者在接受信息之前处在什么状态，如果处在开心的状态，此时消费者比较容易接受外部的信息；如果处在悲剧的状态中，那么消费者接受外部信息的概率就可能会下降。另外，还应当考虑到在什么时候可以采用互联网，什么时候采用电影来进行营销，这需要考虑到不同受众、不同覆盖范围、不同的营销目的，以及传播效果预期，例如如果希望能够更多地覆盖年轻群体，显然互联网是比较好的传播方式；而如果这个旅游目的地已经具备一定的知名度，有一定的品牌认知，接下来希望进一步增强品牌的喜好度、美誉度，便可以通过电影的方式；有研究指出，电影有自己独特的影响作用，能够对受众产生比较深远的影响，受众情感的卷入程度可能会比较高。因此对景区的美誉度、喜好度可能会有正面的推动作用。

关于系统性的第三个方面，是信息传播、产品开发、服务配套和设施建设需要协调发展，不能只重视信息传播的问题。在某种意义上，如果产品开发、服务配套、设施建设不能跟上信息的建设，那么信息传播的效率越高，旅游目的地的发展可能就越差。根据营销的过程中所积累的经验，要把一个目的地从不被大众了解上升到被大众了解，为旅游目的地带来美誉度，和扭转消费者对该旅游目的地原先的负面印象，将其转变成正面形象，这两种转变所需要投入的精力和难度是完全不一样的。从无到有往往比从负面到正面要容易。一旦负面的形象形成，想要改变它的后续营销压力就会非常大。正所谓好事不出门，坏事传千里。负面信息的传播速度可能比正面信息的传播速度更快。关于系统性也有很多新的发展，例如由原来的产品、价格、渠道、推广这个传统的4P转变为4C：消费的问题、方便的问题、沟通的问题、成本的问题，等等，很多新的方式正在一一出现。

原来的4P（产品、价格、渠道、推广）也已经产生了一些新的演化。新的4P提到，第一点要强调的不是价格，而是价值，即产品对消费者的意义。并非简单地告诉消费者产品在市场中的价格，而是告诉消费者，购买这个产品可以得到什么价值，产品的购买对消费者自身有什么意义，建立起产品与消费之间的关系。例如韩国消费者送父母到张家界旅游是表达对父母的孝顺、孝敬、孝心，此时产品对于消费者来说就有着密切的关联关系，对消费者而言是有意义、有价值的。第二点，对产品进行营销推广的时候，不要让消费者感到他是置身事外的旁观者，而要让消费者感受到他们能够参与其中，无论是身体力行上的参与还是思想教育上的参与，都需要能够参与其中。第三点，时刻接近消费者。第四点，利用生物计量技术来合作创造更好的营销内容。

## 四、旅游市场营销需要全程性

营销方案的设计，包括其中的卖点、痛点的设计，不是营销人员自己想出来的，而是与消费者一起合作发掘出来的。那应当怎么与消费者合作，来提供这些营销内容？不需要去问询消费者，通过现代的技术手段就可以去了解消费者关注这些营销内容时最为关注哪些东西？或者一个消费者来到旅游目的地、来到景区游玩、消费、体验的时候，他体验的关注点在哪里、焦点在哪里？在实际的旅游消费体验过程当中，消费者满意的地方在哪里、不满意的地方在哪里？这就涉及营销全程性的问题。之前的营销其实只关注了 1/3 的空间，包括消费者出发之前，还停留在客源地的时候，如何去影响他们的问题。另外的两个 1/3，其中之一是消费者到达旅游目的地的时候，真正在旅游目的地进行的营销；另一个是消费者在目的地消费结束，回到客源地之后的售后服务。只有通过更好的售后服务，这次营销才是一次完整的营销。所以实际上旅游营销只完成了 1/3，另外的两个 1/3 还没有完成。其中涉及和消费者合作生产来制定营销内容的就是消费者回到客源地之后的那个 1/3。消费者的评价和反馈在传统意义上是旅游者的满意度。现在则是更多地表现为在线评论、在线分享，网络上的评论集成着在线声誉。在营销过程中，完全可以通过这样的方式来获取信息，从而来进行更好的营销设计。通常的经验是，在日常消费生活当中，有时候会对购买的产品不满，但不满的时候会不会投诉则是不一定的。因为对消费者来说，投诉是有成本的。而如果消费者不愿意支付这个成本，那么虽然不满，消费者也不会投诉，大不了下次不再去购买该品牌产品。所以主动"上门"了解信息，降低了消费者提出建议、做出投诉的成本，消费者愿意就他们的体验提出有待改进的空间。所以如果想要获取消费者的建议，一定要让消费者建议的成本降到最低，这样才能获取有用的信息。

# 第九讲
# 旅游市场营销：新理解与新媒体

## 第一节 旅游市场营销的新理解

关于旅游市场营销的创新，希望从两个方面来论述：第一个方面是对于旅游市场营销可以有哪些新的理解；第二个方面是有哪些可以关注的新媒体。

### 一、不同阶段，不同营销策略

所谓新理解有以下几个方面。首先，众所周知，旅游目的地的发展都是分阶段进行的，包括开始培育的时期、提升时期、成长时期、成熟时期。在不同的发展阶段中，市场的特征也是不一样的，在此基础上要达到的目标和采用的策略也是不一样的。

如果要对一个新的旅游目的地进行推广，而市场认知不足的话，首先需要做的就是提高市场知名度，向市场发出声音，告知这个社会，告知周围的市场。当目的地达到成熟阶段的时候，已经有了比较好的市场基础，认知度也很高，此时广而告之就不是主要目标了，新的阶段目标是引导来此消费的旅游者产生更深度的消费，或者创造出某些具有特定价值的、新的消费体验。如果能够很好地完成这项工作，那么就可以让已经在消费者心目中形成的品牌产生更多的品牌价值。例如品牌资产资本化的过程。假设景区在市场中的知名度已经很高，那么能不能用这个高知名度景区的品牌资产与游戏厂商进行合作，用好场景思维和景区标的意义与定位，以该景区的场景作为整个游戏的背景。因为景区已经非常知名，所以游戏厂商如果能够开发以该景区为场景的游戏，那么游戏的知名度也将随着景区的知名度而提高，景区就可以从游戏厂商那里获取更多的利润。这种方式与刚刚开始培育景区的时候，即与游戏厂商进行合作，是完全两回事。如果景区本身没有知名度，那么与游戏厂商进行合作的过程将会是一个共赢的过程，更多的时候是景区还指望借助游戏来推广自己。所以在不同的阶段，应当使用不同的策略进行推广。

## 二、从企业之外获得营销费用

在进行营销的时候，是需要一定花费的，那么用于营销的花费从哪里来？关于这一点，可以进行一些新的思考。大多数营销最终的目标，是希望能够有更多的人了解该产品，有更多的人购买该产品，为企业带来更大的收益。而一个企业、一个旅游目的地，要获取更多的收入，得到更多的利润，既可以来自于更多的产品销售，也可以来自于更多的成本节约。正所谓开源节流，卖出更多的产品即代表开源，节约更多的成本则是节流，利润其实可以来自这两个方面。如果把利润的来源更多地放在成本节约上的话，成本节约是可以有两条路径的：一条路径是通过改善配置来提高资金的使用效率，节约内部成本。很多时候完全可以通过内部提高效率的方式以及提高资源配置的方式来节约成本。当然有时也可以采用制度的方式，不同制度类型的企业对于成本控制的积极性是不一样的。

此外，成本节约也可能来自于企业外部，简而言之，就是本应由企业承担的成本让其他机构买一部分单，承担一部分营销的费用，提供一定的补贴。这就是外部的成本节约。在现实当中，可以观察到这样的现象，只不过有些观察到的现象是旅游行业外部的，有些现象可能是旅游行业内曾经发生的。以一个最典型的补贴为例，便是来自于供应商的补贴。企业生产出产品，要去销售的时候，由于产品是从各个生产商、供应商所提供的产品最终组合产生的，而产品能够销售出去，也就意味着供应商的价值都能得到实现。因为这个企业产品的价值实现能够帮助供应商的价值得到实现，所以供应商，尤其是这个供应商希望快速扩大市场或与竞争对手竞争中获得优势的时候，供应商愿意提供一部分补贴。这部分补贴也构成利润的一部分。例如电脑的生产过程中有很多集成厂商的品牌，像戴尔、联想等品牌电脑生产厂商，在进行广告营销的时候，通常在广告最后会出现一个很有特色的声音——"INTEL"，联想在推广其笔记本电脑或台式机的广告中怎么会出现 INTEL 呢？这其实是 INTEL 的一个计划，所有的电脑厂商，如果能够在为电脑品牌进行营销的时候，在广告最后出现 INTEL 的标志，INTEL 都会为该企业提供广告的补贴。为什么在品牌营销的过程中，把 INTEL 插进广告，INTEL 公司就愿意提供补贴？INTEL 公司主营芯片，而不是电脑，为何要给电脑企业补贴？即使不补贴给这些企业，在生产电脑的时候，企业也少不了这个芯片，少不了 CPU。原因大概是消费者反复接收到这些信息后，在评价一个产品时，评价标准就会受到影响。原先没有 INTEL 产品口碑的时候，人们购买电脑，可是只是选择电脑本身的品牌，然而有了 INTEL 品牌口碑之后，随着这个信息的不断播放，在选择电脑的时候，电脑所采用的是不是 INTEL 的芯片，也成为选择电脑时的一项要求。如果消费者开始这么判断，开始形成这样的评价标准，那么生产厂商在采购芯片的时候，就需要迎合消费者的评价标准，INTEL 的芯片销量就会不断增长。

此外，来自政府的补贴也可以构成利润。还是以春秋旅行社为例，春秋和重庆的武隆曾进行过一个合作，既然武隆当地政府每年都要在旅游营销推广方面进行投资，不如与春秋旅行社进行合作，将营销资金中的一部分投资给春秋旅行社，约定在春秋旅行社进行营销推广的时候，在上海本地市场中推广武隆并且每年为武隆方面带来多少的客流量。前面曾经提到，即便在营销过程中花费大量资金，也难以确定有多少客人是因为营销而前来旅游的。而现在春秋旅行社能够为武隆方面带来的客源是完全可以考核的。例如每年付给春秋 50 万元，春秋旅行社每年组织 10 万客人来武隆游览，假如春秋今年只带来了 8 万客人，没有达到标准，那么可以按照合同规定扣除一部分佣金。通过这种合作，作为地方政府的营销费用、绩效都可以考核；而作为旅游企业，由于得到地方政府的补贴，自身就节约下来一部分成本，相比之前可以挣到更多的利润。当然，不仅仅企业可以从政府那里获得补贴，政府也可以从企业那里获取更多成本的节约，这是双向的。商业的最高境界是不用钱就把事情办成，少花钱多办事，不花钱办成事。

### 三、捆绑营销

捆绑营销也要捆绑得巧妙，不是简单地将产品凑上去。在旅游目的地营销的过程中，需要更多有创意的捆绑。何谓有创意的捆绑？也就是帮助别人进行营销，除了营销自己的旅游目的地之外，还为其他企业进行营销，在为他人提供产品的过程当中也推广了自己。

以饮料为例，各类饮料都有鼓励顾客购买的方法手段，开瓶有奖就是一种营销的方式。可以设想，如果企业销售了一瓶饮料，而消费者中了奖，当每一个奖品都需要企业兑现时，就需要企业承担奖品成本。而假设这时某旅游目的地与饮料厂商进行合作，但凡喝饮料中奖的顾客，奖品都由目的地来兑现，而是让中奖顾客免费到这个目的地游玩。饮料企业的奖品有人来买单了，而产品的销售没有受到影响，成本得以节约下来。当然目的地不会无偿地提供奖品，而是会要求把该旅游目的地的名字印到饮料的外包装上去。这就是一个利益的捆绑，你的奖励由我来支付，而我的名称要印到你的产品上去，借力饮料销售广泛的传播空间。这就是一个典型捆绑营销的例子，成全了别人，也帮助了自己。

一个更为精彩的案例是三星公司。在苹果手机市场已经达到狂热阶段的时候，三星的智能手机在市场中还没有这样的影响力，三星对此所做的媒体宣传策略是，任何媒体报道，只要能够在报道苹果的时候，提到三星两个字，或提到三星智能手机，并不需要提到三星智能手机与苹果相比较有哪些优点，只要三星这个名称出现就行。这是三星的捆绑销售，要在苹果出现的时候同时出现三星，从而在消费者的心目中形成一个判断，三星与苹果有着类似的水平。从快销品角度来说，中青旅和康师傅也曾经做过一个合作，即把中青旅的Logo印到康师傅产品的外包装上去。

信用卡和旅游也有契合的空间。很多信用卡的发卡行，会在发卡的时候采取各种各样的鼓励政策，这些奖励吸引很多人开了卡。但是办卡之后，这些卡经常处于睡眠状态，持卡人不经常使用这些卡。如果发卡行将卡发出后，持卡人不经常刷卡消费的话，银行的利益是没法体现的。所以发卡行一定希望这些睡眠卡能够成为活跃卡，从睡眠状态中激活。而持卡人为什么要经常用这张卡，而不是别的银行的卡？如果不能为持卡人提供特别的利益，持卡人就没有积极性来经常地使用这张卡。因此刷卡消费有积分激励，某些时候通过发卡行和商家合作，持卡到商家消费时，可以享受一定的折扣，商家也会有各种各样的方法来为持卡人提供特殊的利益，从而鼓励消费者前来消费。那么，既然会涉及发卡行为持卡人提供利益，那么这个利益也完全可以由旅游企业、旅游景区、旅游目的地来提供。因此完全可以通过这种方式来与信用卡合作，并且能够通过这种渠道来扩大影响，获得利润。

因此，在认识利益的过程中，不要孤立地看待它，而是要将其放到利益结构中来认识。只有你好我好，大家才能好。利益也如是，你能获利我也能获利，大家才能够协同共生、共同发展。因此从捆绑营销的角度来说，也要把利益放到利益结构、利益网络当中来认识，而不要孤立地去看待利益的问题。

同样地，看待新旧媒体的价值，并不在于表面意义上的新还是旧，而是对这些媒体应怎样利用，无论媒体多么传统与普通，只要能找到新的方式去利用它，那么它也一定能够将新的空间展现给你。在进行营销创新的时候，可以像之前所提到的这种方式，画一个矩阵的二维图，把旅游消费不同的阶段，即3个1/3画出来。旅游者在旅游的过程中会进行搜索，搜索什么信息，在什么空间中搜索信息，可以通过什么样的媒体进行搜索，通过什么方式来搜索，也可以成为划分的依据。当这两个维度切到一起，读者便可以了解，应该怎么进行创新，或者有哪些是可能空缺的，有哪些是需要补充的。比如刚才所提到的旅行之前的搜索，旅行之前传递的信息是市场性的信息，旅行之中可能会有更多的信息，并且也需要信息的搜索，但信息的搜索是服务性的信息。比如对三亚进行营销之后，吸引了大量游客前来。游客前来三亚之后，会有很多延伸的服务需求。如何找到景区，怎么到达景区，怎么找到酒店，有哪些酒店可供选择？这些都是服务性的信息。因此消费者到达旅游目的地之后，就需要向消费者提供这些服务信息，或是在营销的过程中就把这部分信息补充进去。消费者从目的地返回后依旧会有信息的问题，此时的信息是维护性的信息、售后服务的信息。在某种意义上要让消费者消费之后觉得这次消费是一个正确的决策，也需要信息进行支撑；让他对自己的决策充满信心，这是维护性的信息。例如今天买了一辆汽车，高高兴兴地开回家，晚上在家打开电视，突然发现这个汽车降价了，消费者会觉得他买亏了，对他来说这就是承担了消费风险中的财务风险。而如果产品价格一直非常坚挺，或是在信息传播的过程中让消费者觉得很多其他消费者购买产品之后，评价非常好，那么消费者就会觉得买到了大家都认可的很好的产品。这就是维护性的信息。

此外，在不同的过程阶段中要分析市场、确定市场、确定顾客的消费特点和媒体偏好等。即从顾客的旅行开始之前应该用什么样的媒体进行营销，旅行之中应当用什么样的媒体营销，可以通过什么渠道来营销。消费者在旅游过程中，移动互联网的价值就体现在这里，也就是移动搜索。移动搜索一定是基于地理位置的搜索，和坐在家里用台式电脑所进行的搜索会产生完全不同的搜索结果，在家中使用台式机搜索的时候，搜索结果不是基于位置而产生的。而使用移动搜索的时候，一定是基于地理位置的搜索，在什么位置搜索，首先跳出的结果应当是离你最近的位置。这是搜索方式的变化。在旅游过程中还存在目的地交换营销。例如游客前往泰山旅游，很有可能下一次该游客会前往黄山旅游。因此黄山作为一个旅游目的地，其营销方式可以直接向前往泰山旅游的游客家庭所在地进行营销推广，也就是到客源地进行旅游营销，同时也可以到泰山脚下进行营销。在泰山的大门口，可以立起黄山的宣传牌；而泰山也一样，泰山的牌子也可以立在黄山的山脚下。这样双方就相当于交换营销的空间，也就相当于在并购中的资产置换。我这件资产值多少钱，你那件资产值多少钱，双方互相交换，再补差价就可以了。至于旅行之后的营销，就涉及传统的旅游消费满意度的调查问题和在线评论及在线旅游的管理问题，以及旅游目的地形象监测的问题。

## 四、媒体类型：建构营销生态系统

自然有生态，产业也要有生态。在营销的过程中需要更好地构建营销生态系统。很多领域如果能够加上"生态"这两个字，就会展现出一个新的局面。营销需要建立一个良性、互动的生态系统。在这个生态系统中，有一种受到较多关注的媒体，就是社交媒体，例如抖音、微信、微博等产品，都属于社交平台、社交媒体。如何让社交媒体从一个营销工具产生更多的有效转化？这可能是在营销的过程中，从媒体选择和营销与购买的衔接两方面，需要重点关注的问题。人们看到营销的信息时可能会产生购买的欲望，而如果这个购买欲望不能即时转化成购买行为，那么这种购买欲望就会急剧下降。也就是在刚看完营销信息的时候，观众会有很强的欲望去购买产品，而如果短时间之内这个购买行为不完成，欲望就会急剧下降，欲望转化的概率就可能大大降低。从这一点出发，就可以与社交媒体的问题结合考虑，现在的社交媒体大多数都被称作媒体，这还是基于信息传播的角度。无论是通过抖音、微博或是微信来传播信息，顾客在看到这个信息、接受这个信息之后，如果产生购买欲望，多数情况下，都需要从这个平台退出，再进入到另外的平台上进行购买，比如转到在线旅游企业OTA或是旅游企业的官网。无论如何，顾客都需要从一个平台进入到另外一个平台，此外还需要填写信息，注册账号，过程复杂而麻烦。而如果能够保证顾客在社交媒体上接收到信息之后，直接就能够无缝地衔接到购买入口上的话，那么购买欲望的转化概率就一定会提高。也就是说，无缝的衔接对于购买欲转化率的提高是非常有帮助的，这不是社交平台商业拓展的雄心问题，而是消费者的规律的自然延伸。从这个方面来看，社交媒体的电子商务化是必然的，无论是自身的电子商务化进程还是外包接口的电子商务化进程。如果能够做到这一点，那么对于整个营销的效果，就会有一个很大的促进。这种转换随着互联网的支付以及技术的不断迭代、不断丰富，商业化的运营进程会不断加快。如果只有微信而没有微信支付手段作为支撑，那么电子的商务化就会比较麻烦，购买商品的时候也会很麻烦。即便能进入到对应的接口，但还是会存在支付的问题。因此当外围的环境能够不断完善，技术环境不断更新，未来的发展也就会随之增速。当然，生态系统中不仅仅包括社交媒体，还有很多新的渠道，包括手机短信、移动网络、桌面视窗等一系列。这些新媒体在实际市场营销运用的过程中，有以下几个方面可以尝试了解：

第一，在现代信息技术不断发展的过程中，人们会有很多行为上的变化，这些行为变化中与市场营销有关的，就是获取信息与存储信息的方式发生变化，分享信息的方式也发生了变化。比如传统上，人们出去旅游的时候，通常会通过旅行社获取信息，旅行结束之后，可能会写一篇游记之类的很私人化的方式，而游记通常是放在抽屉里面，什么时候想起便拿出来看看的。这是一种方式，存储信息的方式是在本子上记录，分享信息的方式是自己独享。但现在不难发现，网民很愿意去进行评论，而在线评论成了存储信息的方式，网民中喜欢做评论的比例达到了40%以上。另外，网民把旅行过程中的记录在网络中分享的意愿，非常愿意占13%，比较愿意占47%，总共有60%的人愿意分享，此外还有6.6%的人并不确定。这几个数据随时间发展也在变化，但总体上愿意分享的比例是上升的。

由于网络环境与信息技术环境的变化，人们评论的意愿以及分享的意愿也随之增加，随之产生了另外一种影响，潜在消费群体的消费决策会日益受到评论以及分享人群的消费体验的影响。所以在旅游营销的过程中，一定要重视在线声誉所关注的焦点、兴趣点、痛点、诉求点在这方面的价值，需要充分地关注到旅游发展的过程无时无刻不在受着大数据的影响。而在数据影响的过程中，在不同阶段是持续的演变的。例如顾客在购买商品的时候，习惯的消费模式是货比三家，顾客希望能够在决策的时候搜索到更多的信息，以保证购买决策的正确性。如果信息太少、数据太少，就不方便进行决策，但是当信息过多的时候，也有可能会难以决策。所以在大数据时代，真正能够对消费者产生影响的不是大量的数据，而是数据如何能够从多再次轮回到少。因为只有数据能够精简回少量的状态，决策才能够变得更加容易。可以设想一个问题，如果要进行旅游消费决策，假设搜索到了 10 万条信息，那么有没有可能从第 1 条一直读到第 10 万条？这是没有可能的。即便假设中有着非常快速的阅读能力，能够从第 1 条读到第 10 万条，那么在这些信息中，也可能会有 5 万条好评，5 万条差评，这时又该怎么办呢？即便能够将全部信息读下来，此时也没法做出决策。这时就应该对这 10 万条信息分门别类，按照不同的评价人群进行划分。就像进行市场细分一样，需要为不同的评价分出细分类型，让消费者得以对号入座去获得参照。因为很有可能这几万条信息中，有一部分是驴友所做的评价，一部分是家庭旅游者的评价，还有一些可能是其他旅游者的评价，这样驴友只要关注驴友评价就可以了。因此在获得信息的过程中，需要做好分门别类。

当然所有驴友的评价中也会有正有负，那么作为一个驴友应如何看待这 10 万条评论的决策价值？这时就需要进行数据的集成。数据有搜集的过程、分拣的过程，还有集成的过程，需要对这些数据本身通过数学模型进行计算。这 10 万条评价，如果以 5 分制来进行打分赋值，能够打多少分。因此我们才会看到携程、去哪儿网这样的网站对酒店进行打分。每一家酒店下面都会有具体的评论，并且由评论者给酒店打出分数，也会产生一个总的分数，也有可能是交通多少分、餐饮多少分等细化的打分，这就是一个提升的过程。从 10 万条数据，精简到只有一个分值，这就是从多到少的过程。通过 5 分制来让消费者进行决策，显然比逐条去看评论要容易得多。当然这个分数不是随便打出的，是基于全部评论所计算出来的分数。此时再决策起来就会非常容易、非常简单。

　　第二，如果用文字方式来展现数据，可能远不如用图形的方式来展现更有效。比如图片营销就应该被给予更大的关注，通过图片让潜在旅游者更好地了解旅游目的地。那如果想对旅游目的地进行营销，应该选择什么样的图片推介给消费者呢？如果想通过图形、图像去影响消费者，显然不是随便一张照片一段视频都可以用来作为营销的信息，而是需要通过比较对此进行选择。通过对视频信息的分析，可以获知人们如何理解这个旅游目的地的相关信息，在后续视频材料的构建过程中，就可以知道应该怎么构建能够真正影响到消费者的视频材料。在某种意义上来说，这在国内关于旅游营销的领域里，还是比较前沿的。这种研究的基础，是基于人的整个神经系统构成中，有很大一部分比重是与视觉反应有关的神经系统，其中有40%是留给视觉反应区的。人的神经系统对图像化的信息是最为敏感的。正所谓百闻不如一见，这就是视觉反应区的作用。因此为了方便消费者的理解，需要对数据进行可视化的处理。可见未来旅游信息的可视化会在旅游数据的挖掘和营销应用中扮演着越来越重要的角色，我们要将那些复杂的、无序的信息变为简单、有序的信息，把逻辑性的、文字性的信息变成图示性的、可视性的信息。现在是一个碎片化阅读的时代，是一个读图的时代，就使得如何把丰富的信息变成图形展现出来，即数据的可视化，包括旅游利益的可视化，都具备了很大的研究价值。要想把顾客忠诚度的计划真正做好，可以通过可视化来解决，最终要构建的是一个分层评价的机制和模型，形成可视、可读、可用的数据呈现方式。大数据不只是大规模的数据，而是高能效、高能量的数据，大数据其实并非把数据堆积在一起，而是要有过滤的机制，经过过滤之后的数据，才是真正有价值的。现代物流体系的重要价值在于，通过物流的配送使得生产厂商非常准确地将产品送至购买者手中。实际上大数据也一样。大数据能够产生、分拣、集成、分析，最终则是要配送到相应的数据需求者手中，这样的数据才真正有价值。也就是说，数据最后的应用是对于数据分析成果的配送。

## 第二节　旅游市场营销的新媒体

### 一、高铁营销

旅游营销可以利用现在快速发展的高速铁路来进行营销推广。主要是基于以下几个方面的考虑：第一，在进行营销的时候，首先最需要关注的一个问题是，企业所传递的信息能不能通过适当的媒体到达最终的受众那里。这就涉及信息送达率的问题。其次是人们接收到这些信息后，会不会前来消费，也就是消费转化率的问题。最后是消费者接收到信息，如果信息只传播了一次，那么消费者很有可能无法完全地了解这些信息，而如果反复地进行传播，也有可能会让消费者产生广告厌烦，从而不再接受企业传播的信息。因此在旅游营销的过程中，最为关心的三个问题即信息的送达率、转化率以及信息重复导致的广告厌烦。而这三个问题在高铁营销中，恰恰可能是比较容易解决的问题，因为它在这三个方面都不大会产生负面的结果。高铁本身是一个相对封闭的环境，在封闭的环境中接受信息和在一个开放的环境中接受信息相比，信息的送达率比较高，而受到干扰的概率则是比较低的。如果是在一个开放的环境中接收信息，会有其他的信息影响信息接受者，会受到其他信息的干扰和影响，从而信息的送达率会相应降低。但是在封闭的环境中，除了车厢里的信息，没有太多的外部信息干扰，所以信息在车厢内传播的时候，很容易被高铁的乘客所接收。

第二，原铁道部曾委托相关研究机构进行了大样本调查，证明高铁用户对于整体消费产品的拥有率是比较高的。因此消费者预购产品的欲望有很大一部分是能跟旅游衔接在一起的。旅游是人们的基本消费得到满足后的享受性需要。如果高铁乘客的基础需要都没有得到满足的话，可能很难过渡到享受性的消费上去。而对于高铁乘客已有的消费进行研究后发现，这些乘客的后续消费与旅游可能会有密切的关系。根据调查，乘客中有20%以上都是曾旅游过的旅游者，是有一定旅游阅历的消费者。此时信息转化的概率也会比较高。

第三，因为旅游类的产品与其他产品不同，景点本身的画面感是非常强的，看到这些图片是让人非常愉悦的一种方式。任何旅游目的地要进行营销推广的时候，无论是以图片的方式还是视频的方式，一定会把最精华的部分，最能够产生美感的部分用来进行营销推广。因此在高铁相对枯燥的环境之中，如果能够看到这么多美丽的图像信息的话，对于广告产生厌烦的概率也会是比较低的。

### 二、视频媒体

前面提到，神经系统中的40%是视觉反应区，所以视频媒体在旅游者出行的过程中以及旅游信息搜集的过程中扮演着非常重要的角色。谷歌也曾经做过一个持续性的研究，即研究不同类型的旅游者想要出门旅行，并且希望选择具体的旅游目的地，以及到旅游目的地后参加的活动，目的地饭店、旅游交通设施这样具体的单项产品的订购，在这些情况下他们对于在线的视频媒体的使用频率状况。除了私人旅游者思考选择什么类型的旅行方式这个阶段，通过视频媒体选择的比例是47%以外，其他情况下，通过视频媒体进行决策的概率都在50%以上，事实上大多数阶段都在60%以上。可见视频媒体在旅游营销中的地位正在不断地提高。但是，如果希望通过视频媒体进行营销，还需面临两个方面的问题：第一个问题是选择哪个视频网站推送视频材料，对此需要对网站进行选择。根据国外的研究，网站中使用频率最高的是YouTube，81%的商务旅行者会使用它，79%的私人旅行者会使用它。为了吸引境外潜在旅游者，可以将一些材料放在YouTube的平台上。毕竟外国游客来华旅行需要搜索视频材料的时候，会通过这个平台来进行搜索。但把视频材料放至YouTube这个平台之后，能不能产生真正有价值的信息传播，这是第二个问题。因为实际上有很多在这个平台上投放的旅游机构没多少订阅用户，营销信息的点击率也低得可怜，实际上很难真正产生营销效果。同时还涉及在首页搜索页呈现可能性以及首页信息的正向性的问题。

另外，如果已经拥有很好的、很具有创新性的视频材料，也有可能通过病毒式营销方式将其快速地扩散开。这就需要视频本身有创新成分。创新说它难也很难，要说容易，其实也很容易。创新在某种意义上来说，可以理解为旧元素新组合。所以如果能用旧的元素、新的组合的方式来进行营销推广,这个视频就很有可能很好地起到病毒式的传播作用。视频材料有一点需要注意,就是一定要与宣传片区分开来。有很多旅游目的地在进行宣传的时候,都会制作大致 15 分钟、20 分钟的宣传片。这样的宣传片并不适合放到视频网站上作为营销材料。但凡能够放到视频网站营销的视频宣传材料,一定是比较短的视频。只有短时间的宣传视频才能被更多人接受,来观看这个视频。当然,如果不是简单地营销,而是希望能够让观众产生更多的深入了解,那是另外一回事。

### 三、移动终端

移动设备与人们的旅行有着密切的关系。GDS 公司的一项研究发现,我国游客是最热衷于移动设备的群体之一。45% 的公务旅行者、33% 的休闲旅行者都会利用移动设备来安排旅游行程。因此,如何利用移动终端来更好地进行市场调查,如何把移动终端作为一个营销工具来认识是一个值得深入思考的问题。除去可以利用移动终端作为电子导游,移动终端在市场调查中还可以怎么使用?如果能够对手机用户信令数据进行处理,那么就可以了解消费者什么时候进入景区,什么时候离开景区,以及消费者在景区的停留时间是多少,还有到景区游览的旅游者来自哪里,从旅游者进入景区到离开,旅游者在景区里所走的路线状况是怎么样的?通过游览路线的叠加综合,就会形成大多数消费者喜欢走的路线,整个景区的游线设计,就可以根据移动智能终端的市场调查设计优化出来。客观上来说,在不涉及隐私的情况下,只要移动运营商的通信数据统一管理了,那现今的技术手段完全可以把手机使用者的整个空间移动轨迹和特点呈现出来。使用者喜欢到哪些地方用餐,喜欢哪些类型的餐厅,都可以通过了解其手机移动轨迹做出分析。比如,我们也可以了解到,游客到达上海之后,在上海的景点之间的流动,是从哪个景点流动到哪个景点,A 景点到 B 景点之间会有多少流量,B 景点到 C 景点是多少流量,这些数据现在完全可以通过手机来获得。比如现在通过移动设备分析到北京是你的常住地,而你在北京的时候喜欢到哪些类型的餐馆用餐,那么当你拿着这个手机移动到上海的时候,上海的餐馆就可以非常有针对性地来向这个人推送信息,就可以从上海的餐馆中找到一个与你兴趣、爱好比较匹配的信息推送给你。此时信息推送的针对性增强。如何利用移动设备为消费者提供更好的产品、更好的设计,是一个非常重要的方面。如果移动终端做得足够好，就有可能会成为未来的移动智能助理。旅游目的地建设的过程中要建设智慧旅游系统，而手机就可能会成为智慧旅游系统中非常重要的一环。

假设现在在一个旅游目的地搜索某个餐厅，那么后台系统可能会根据你过去的搜索情况，来确定你以往搜索这个餐厅品牌或以往就餐时喜欢选择餐厅内什么样的位置，靠窗户，或是靠近服务台的位置等。假如它最终确定你喜欢坐在靠窗口的位置，那么当真正的智慧旅游系统形成时，并且这些系统之间都能够互相接通的话，就可以在所搜索到的餐厅的后台定位系统中查看它的订位系统里，靠窗户的位子是否还有空余，如果有空余位置它会询问是否预订，预订这个位子后，后台又会自动运行生成一个从当前的位置到达餐厅的最佳路线。路线的导航和在线订位，以及餐厅的选择、偏好的匹配，这一系列服务都可以通过手机来完成。这时手机就是一个真正的智能旅游的重要环节，是一个移动智能助理。

在整个旅游发展的过程中，这些环节都可以大胆进行设想，在很大程度上，只要能够想得到，技术都是可以满足的。到达这个程度时，移动终端和旅游营销就能够很好地挂钩。当然在某些情况下，最简单的应用就是在旅游的过程中，景区能够从营销的角度来看待景区的免费无线接入的问题。Wi-Fi 接入虽然是免费的，但是通过 Wi-Fi 的接入可以了解到消费者在景区里流动的状况。免费 Wi-Fi 至少可以支持旅游者在景区里旅游的时候，看到好的景色便及时拍下来，传到网上去，及时地与朋友进行分享，及时分享的过程就是信息及时传播的过程。信息传播恰恰是营销的重要组成部分。如果游客拍了照片而想将其发布在网络上却总是发不出去，或是找不到接入点，那么等游客返回家中之后，还有没有把图片和评论发布在网络上的积极性，就需要打问号了。现在的人们都强调即时分享，因此无线的接入、Wi-Fi 的覆盖是跟营销有着密切的关系的。而这种关系是与手持智能终端和智能手机有着密切关系的。目前有很多场所都支持 Wi-Fi 的免费接入，而这种免费接入是不是真的免费呢？实际上并不是。因为一旦顾客接入网络后，就会进行使用，顾客使用的过程中，系统就可以了解到顾客的各类信息，就可以进行优化。包括商业业态的布局优化。

## 四、在线声誉

关于在线声誉问题，除了酒店以外还有另外两项内容值得关注，一个是旅游目的地，运用文本分析工具可以把在线评论全部挖掘出来，然后用工具对评论进行处理，得出结果并进行可视化。从结果中就可以看出，人们关注这个旅游目的地的或是旅游景区的时候，焦点都集中在哪些地方，结果中显示的字体越大，消费者的关注程度就越高。以厦门鼓浪屿为例，人们对于鼓浪屿的别墅、小岛，对于鼓浪屿宁静、安静、心灵、情调、悠闲、情侣这些关键词都比较关注。因此在进行营销的时候，可以从这些消费者普遍关注的点来着手。此外在网络空间当中，包括之前提到的百度指数里还可以生成兴趣图库，提到人们对于鼓浪屿的兴趣集中在哪些地方，要凸现诉求点的时候，就可以从这里来做文章。可以用工具来对评论进行过滤，网站上有大量关于景区的评论，可以把这些评论截取下来，通过手工截取，也可以编一个程序来对评论进行截取和分析。

# 第十讲
# 自驾游发展：协同创新与公共服务

随着国民经济在新常态下平稳运行，人们外出旅游的需求进一步扩大，特别是自驾游在近年来的发展处于一个蓬勃上升的阶段。根据中国社会科学研究院旅游研究中心与中国旅游车船协会联合发布的《中国自驾游年度发展报告（2014—2015）》显示，2014年自驾车出游总人数约为22亿人次，同比增长8%，约占年度出游总人数的61%。如此大规模的市场背后与休假及高速路免费政策的落实、人们旅游消费观念的转变、私家车保有量的增长以及基础设施和配套服务的不断完善有着密切的关联。特别是在国家31号文件中明确提出了"建立旅舍全挂车营地和露营营地建设标准，完善旅居全挂车上路通行的政策措施"的具体措施，这是自驾游领域首次明确获得国家层面的政策支撑。

2014年全国居民人均可支配收入达到20 167元，居民私家车保有量进一步增加。北京平均每百户家庭拥有私家车的数量达64辆之多，全国汽车驾驶人数超过2.46亿人，这些都是自驾车旅游快速发展的一个重要基础。从自驾出游者出行动机来看，休闲度假和观光游览是近九成游客自驾出游的核心目的，这与自驾游能带来更深层次的旅游体验和更本质的休闲生活有关。而这些特点又能恰到好处地契合当代人对休闲不断提高的需求。所以这也是自驾游市场快速发展的另一个原因。

虽然需求的提升促使市场和政府做出了相应的措施，但是我国的自驾游仍然在便利性、服务、信息化等方面存在着问题，特别是自驾游市场的开发、设施建设以及信息化建设等方面都亟须理论与实践的指引。因此，下面从自驾游的协同创新与公共服务方面着手，对我国自驾游的状况进行了分析。

# 第十讲 自驾游发展：协同创新与公共服务

# 第一节 自驾车旅游的协同创新与公共服务

关于自驾旅游发展中的协同创新与公共服务，要从三个方面来分析：第一是为什么出现自驾旅游以及自驾旅游得以发展的原因；第二是自驾旅游的发展为什么需要协同创新，在哪些方面可以协同创新；第三是在协同创新的过程中可能会涉及公共服务的哪些方面。

## 一、自驾旅游的发展特点

从自驾旅游的发展来看，它可能是整个旅游市场发展过程中，旅游分化的一个结果。在传统旅游发展过程当中，旅游者有很多需求还未能实现，因此希望通过自驾旅游的方式来实现自身的追求，比如说追求更深度的旅游体验，追求更本质的休闲生活等。而消费者所向往的这种自由度、灵活度和更多的户外休闲机会恰恰是自驾车旅游能够满足的。

第一，在整个旅游经济发展的过程当中，外围环境也很重要，服务区的兴起、观景平台的建设、景观大道的规划理念等，都会对自驾车旅游有推动作用，使得自驾车旅游这个市场能够快速地发展。未来的发展可能会受限于公共服务的供给、协同配套的措施、环保的政策，以及假日制度的限制。

第二，是自驾车旅游的目的。虽然将其称为自驾车旅游，但它的目的其实不在旅游上，而在旅行上。自驾车旅游更重要的是在路上，而不是在终点。传统的旅游重视的是到达目的地，以及游览观光。但作为自驾车旅游者来说，重要的是在路上，他能够获得真实的体验和真正的休闲，重要的是整个自驾旅行的过程中能够轻松、快乐地度过他的闲暇时间。所以对于自驾车旅游来说，它本身能够体现出更强的灵活性，包括他对自驾目的地的选择。虽然现在有很多自驾车旅游是围绕着标志性的景区、景点来展开，但实际上在人们选择自驾车旅游目的地的时候，会有很多非标志性的景区或无景点成为自驾游的热点。这是自驾车旅游的第二个意义。

第三，自驾车旅游更加强调全域化的旅行和全程的旅行。观光旅游更加重视结果，强调的是具象的、具有震撼力的景观，它强调的是一种经历；而休闲消费重视的则是过程，强调的是虚化的、具有浸润力的环境，是一个内在的体验过程。自驾车旅游不是涉及某个节点，而是若干个节点的串联。所以在为自驾车旅游者提供服务的过程中，所涉及的不是某个节点服务提升的问题，而是整个旅游目的地，全域旅游服务提升的问题，是整个旅游目的地在旅游行程过程当中的若干个景点，更好地串联在一起的问题。所以除了关注传统的旅游景观建设之外，更加需要强调旅游目的地全域环境的营造，强调旅游者。旅游者自驾车到目的地之后，不仅仅感受到外在的景观，还需要更多地融入到自驾车旅游活动当中去，融入到参与的户外活动当中去，所以在这时候它所涉及的是一个全域、全程的问题。

第四，自驾车旅游可以是一个微旅行，也可能是一个大跨度的旅行。所以这两种方式都可能会在自驾车旅游当中出现。当然在这里面会有一些具体的条件，或者一些具体环境的变化，包括人们消费理念的变化。从前强调观光，现在更多地强调休闲，交通条件的变化、高铁的出现所造成的时空压缩效应对人们整个旅游的影响，包括现在出现的一些汽车租赁网络不断地成熟对整个人们旅游行为的变化的影响；此外还有购买方式的变化，包括网络，以及基于网络的电商的出现等，这些都会推动人们在旅游方式的转型过程当中从原来的远距离低频次到更多的近距离高频次的旅游。所以在这里面可能会有越来越多的微旅行的出现，微旅行的这种方式的自驾更是一种回家的温暖和期盼。比如乌兰察布和北京有非常密切的联系，如果要在北京推广到乌兰察布的自驾车旅游，其实可以用四个字概括：上车回家。乌兰察布就是北京人的第二居所。可以用它作为宣传口号的一个备选。那么说到大跨越的自驾旅游时，它所追求的其实是一种离家的征服和挑战。再用乌兰察布的例子来说，可以充分运用乌兰察布本身的资源来推广自驾车旅游。乌兰察布的四子王旗与中国航天有密切的关系，此外也有火山口的公园和很多温泉资源，这些跟大地有密切的关系，跟地理的深处有密切的关系。它是一个"天地之大、草原自驾"的旅游产品，也是一个很具有征服和挑战意义的自驾旅游产品。

第十讲 自驾游发展：协同创新与公共服务

## 二、自驾旅游如何做到协同创新

可以将自驾旅游和常用的智能手机联系在一起，现代社会是一个充满着移动的社会，人们在移动当中不断地进行联络，人们把家也搬到一个移动的空间当中来，所以说是一个移动的联络、移动的家的环境。移动的家就会产生一系列与移动相关的消费，会出现围绕着自驾旅游的诸多方面产业服务的需求，是一系列围绕着移动产生的需求。同时还有基于家的需要的相关消费，延伸的需求也会产生。在这个过程当中，这些相关消费如果不能够协同整合，就可能会产生市场需求，但是市场需求并不能转化为这个市场当中的价值实现。就像社会发展过程中，当电力出现的时候，为什么人们的生产力没有突然增加？原因就涉及多方面协同创新的问题。

电力出现需要用电力马达来代替蒸汽的引擎，但是这个替换不是简单的引擎的替换，它可能会涉及厂房、建筑的调整的问题，建筑调整到位马达才能够更好地运转。但是这之后还有其他的一系列的习惯、结构要不要调整的问题，只有当这些因素都调整到位之后，电力对生产力的促进才能够真正地展开。所以对自驾车旅游来说也是一样，市场需求出现，转化为产业价值，在这里面有一系列的要素需要去协同创新。而协同创新围绕的根本问题是自驾车旅游的过程当中，他们的要求究竟是什么？要围绕着问题，以问题导向来推动自驾车旅游的发展。这些问题的核心就是要追求便利，因为在移动的过程当中与在家的情况存在许多差异。

在移动的过程当中会产生一系列的便利性需求，包括交通网络的便利、道路交通状况、道路的交通行驶过程当中费用如何、高速公路的出口是不是安排多样化的出口、便捷的出口等。

第一，车辆租赁的便利性。目前国内所见的大部分自驾车旅游是用自有的车辆来自驾的，实际上在国外，人们大多数情况下只有近途自驾旅游会用到自有车辆，大多数远途的自驾旅游都是通过汽车租赁公司来完成的，所以车辆租赁的便利性对他们十分重要。当顾客有租赁需求时，从机场出来到提车，不到15分钟肯定可以解决；需要归还时，从开车进入场地开始，除去等待的时间，还车手续不到5分钟可以完成。如果国内的汽车租赁不能在租与还的环节做到便利化及做好更多的服务，那么对自驾游的发展也是很大的障碍。

第二，信息的供给与整合。自驾车旅游是在一个移动过程当中的旅游消费，途中信息供给的便利性也是问题所在。如何充分地利用好现在的互联网、移动互联网，做好信息服务体系的构建是未来需要研究的重点。而信息的整合有助于向自驾车旅游者提供更准确、完善的预警性、预告性的信息，包括拥堵信息、道路维修、关键路牌信息等。在现代信息技术不断发展的前提下，人们获取信息、存储信息、分享信息的方式发生了很多变化，从而使得旅游者行程结束后的线上评论在潜在旅游者的旅游总体决策和具体旅游消费单项决策中发挥着越来越大的作用。包括人们在微博当中如何来谈论自驾车旅游，谈自驾车旅游的地域的分布，包括用户的分布如何，他们的人口属性特性：男女比例、年龄结构，甚至包括星座状态。因此自驾车旅游的发展需要一个多系统的协同，包括规划、产品、租车、公路、导航、后勤、营地、救援、保险等。

第三，营地的服务。人们普遍关注房车营地的建设，除了房车营地的建设之外，其他的营地系统应该如何围绕着人们自驾的需求来提供便利，也需要更好地去研究。随着经济型酒店的市场空间的渗透率不断地提升，经济型酒店营地系统可能会有高度的替代。在美国的很多自驾车旅游目的地，都能够找到品牌的经济型酒店，所以它的营地系统也并没有想象的那么发达。

第四，线路的服务。在自驾车旅游者要出去旅游的过程中，为了更好地方便人们有多样化的供给、多样化的需求的实现，市场当中会有多样化的线路选择。那如何让消费者在多样线路选择的过程当中，能够用最低的成本去选择到最合适的产品，如何避免花费大量时间在自驾游行前的安排上，也是一个自驾车旅游过程当中的要求。所以基于游客自驾体验的线路推荐的服务，通过互联网的方式来更好地给消费者推荐产品，是现在自驾游生活圈内很多人获得信息的主要方式。昆士兰是澳大利亚著名的自驾车旅游目的地，41%的受访对象没有在行前完全安排其行程，仅24%的受访对象在行前订好住宿，29%计划好其将到访的城镇，20%计划好所将参加的活动，不难发现有很多人在出发之前并没有对旅行进行安排，而是等到路上再做安排。所以说如何做好线路信息的供给也是非常重要的。

第十讲　自驾游发展：协同创新与公共服务

# 第二节　关于自驾车公共服务的几点思考

## 一、自驾车公共服务的三个前提判断

在谈到自驾车公共服务的问题时，我们可以先思考三个问题。

第一，国外的自驾车公共服务是不是比咱们搞得好，搞得多？因为在国外有很多服务都已经市场化了，在市场化的服务非常完备的情况下，政府需要做的公共服务其实并没有那么多。

第二，那么要搞好自驾车公共服务是不是只是去做服务本身？这个回答也是否定的。政府提供公共服务的核心其实不是在提供服务本身，而是要做好公共服务供给的平台，为公共服务提供空间。包括平台战略的实施、空间性产品的供应，是政府做好自驾游公共服务供给的核心。

第三，自驾游公共服务的供给是不是纯公益的？政府要做公共服务最终考核的机制不是服务本身的好坏，而在于服务是不是可持续，纯公益服务的持续性一定是会受到挑战的，需要探索用商业模式来提供公共服务的可能性。

## 二、关于一个战略的基点

这个战略的基点是用平台的战略来强化公共性产品的供给，用在线评论去及时发现公共服务的需求，用生活圈以及产业生态圈、自驾车的服务生态圈来最终推动自驾车旅游公共服务的创新的发展。基于这两个方面，未来的公共服务的领域可能可以从六个角度来思考。

第一，形象塑造。形象的塑造需要协同，这些协同包括地方政府、自驾车俱乐部、汽车企业，以及包括旅游企业在内的多方的涉旅企业共同来打造自驾旅游目的地的形象。比如，对于乌兰察布来说，成为车船协会的一个自驾车旅游目的地的试点城市，本身也是在打造自驾旅游目的地的一个形象。

此外，自驾车的租赁企业和公共基础设施如何做好更好地衔接，也是打造整个自驾车旅游目的地形象的非常重要的一个环节。如何把自驾车租赁企业的空间位置选择和机场、车站更好地衔接在一起,从国外的角度可以关注例如安飞士、赫兹和航空公司的关系。安飞士甚至就是在机场创业出来的,因此它能与公共基础设施有很好的协同。

第二,营地体系。营地体系包括政府的营地、商业的营地,除此之外也应该考虑到常年性的营地和季节性营地的问题,常年性营业的营地和季节性营业的营地它的土地供给、需求方式是不同的。季节性营地的临时性建设用地的供给、移动式营地或营地服务设施如何与市场中的企业协同来供给,也是一个需要去关注的问题。

美国营地社团由 ARVC(美国国家房车公园与露营地协会)、联邦营地与州立营地组成。ARVC 有多个私营营地及营地设备供应商,一般为常规式营地,其中不乏豪华型营地。联邦营地是指由国家公园、国家森林、联邦土地局管理的营地,同州立营地一样,往往建立在风景区内,景色宜人,但设备设施却有限,价格也比较便宜。一些公立营地只会提供一部分场地在网上预约,大部分的场地采取的是先到先服务的入驻方式。营地按照设施情况不同分为 partial hookups 与 full hookups。partial hookups 通常只有基本的水电设施,一般不能提供排污水(sewer)的服务;一些临时扩展营地的设施也十分有限,仅供旅人临时停靠;在一些州和地区,甚至可以找到免费的停靠点。full hookups 的设施相对齐全,包括水电供应,排污水服务、洗浴服务、有的还会有 table TV、免费 Wi-Fi 以及户外活动设施等。

此外,营地体系需要更好地跟已有的公共设施做综合的规划和配套的设计。比如美国的一些高校,里面往往有一个可以用作房车营地的空间。这个营地空间平时用作校内学生的停车处,但它做了很好的协同设计,可以让开房车来这里观看橄榄球比赛的人将车停在这里。高校为此进行了一些专门的设计,这就是协同设计的结果。一旦到有橄榄球比赛的时候,大学生将自己的车辆移走,将空间留给房车使用。

第三,自驾车线路的设计。美国有很多这样的主题线路,包括 1 号公路、64 号公路、119 号公路、蓝岭公路自驾等。第二个方面就是需要做好一些风景道、风景小道的规划。如果希望成为一个自驾车旅游目的地,政府就需要在这些方面加强规划。

第四，自驾空间。第一个方面是要更多地开放自驾空间，而不是把自驾车的旅游者、自驾车的爱好者局限在景区的大门之外，这个尤其是结合现在推出国家公园试点。在美国的国家公园自驾车绝对不是简单地停在门口，而是可以通过自驾深入到整个国家公园内部。以布莱斯国家公园为例，国家公园内能够穿梭巴士的地方，都可以通过自驾车抵达。与之相比，我国的景区内部则很多只有穿梭巴士可以运行，车辆则无法进入。第二个方面是对自驾车体验进行引导。比如在黄石公园自驾时，有时会发现有很多车停靠在某个路段，其原因往往是因为黄石公园的管理者在引导消费者经过这里的时候，可以停下来观赏诸如熊等野生动物的出没。

第五，服务平台的设计。充分地利用高速公路的流量入口效应来做平台化的发展，更好地打造高速公路的服务区。这里也涉及人们移动的家、户外生活圈到产业协同的生态圈，更好地推动流量效应的发挥和商业价值的套现。同时也涉及在高速公路以及其他公路系统设计的过程当中，如何做好制度化的出口的设计。比如你会发现在美国很多地方每英里就自动会有一个高速公路的出口，出行非常便利。美国围绕着高速公路经济区做的就是一个平台式的模式，高速公路当中会有很多品牌化的、连锁化的餐厅、饭店、零售店，包括购物中心、咖啡馆、加油站等综合配套的设置。我国的高速公路经济多数停留在"厕所、加油、快餐"的"点状模式"，在服务区空间中没有形成旅行服务业态的集聚。这既不便于游客出行，也对提升高速公路服务区的经济效益不利。

第六，计费系统。包括租车以及高速公路的收费。在美国，高速公路中收费的线路其实很少。对于我国的收费问题，如果高速公路还需要收费，能不能针对自驾车爱好者设计出新的高速公路的优惠卡片，包括停车费的优惠。在美国自驾的时候，基本上不需要去考虑停车费的问题，景区的停车场也不会要求付费。所以政府在提供公共服务的过程当中，要去思考如何做到真正地不与民争利。最后是门票系统的设计。在美国进入国家公园的时候，只需要购买一张80美元的年卡，即可以进入所有的国家公园。此外，美国的国家公园采用按车收费的制度。所以我国是否可以在这方面做一些合理的借鉴，在推动自驾车旅游发展的时候，是不是可以将门票体系由人转移到车上，如果在这个方面可以做出调整，自驾车旅游也能够发展得更好。随着市场需求的不断扩大，在未来，自驾车旅游以及相关领域的发展一定是社会及学界讨论和研究的热点问题。而这其中一定会涉及各领域的协同合作与创新以及公共服务体系中的各方面内容。

# 后 记

跟以往所有的作品一样,这本书肯定也存在这样或那样的不足与缺憾,但对作者而言,成书的形式却是一种创新。

本书主要是之前给北京第二外国语学院 MTA 讲授旅游产业经济分析课程时的录音整理稿。上课同步录音后交由专门的打字社打印转成文字,本意是希望稿子能够尽快出版。但讲课的口语化和书稿的书面表达之间还是有很大差距,所以文字的调整就颇费时间精力,耽误了不少时间。好在后来宋昌耀老师帮助进行了文字处理的统筹安排,宋昌耀(文稿处理统筹,第一讲)、宋彦亭(第二讲)、马蕾(第三讲)、陈丽嘉(第四讲、第十讲)、漆家进(第五讲、第六讲、第七讲)、张明曦(第八讲、第九讲)等人为各讲的格式规范、文字优化、资料处理付出了很多的努力,责任编辑老师又严格把关、不断完善,至今终于成书,在此一并表示感谢。

正是因为本书是录音基础上修改的,所以只是选了若干个专题领域,所涉及的内容就只是旅游经济研究很少的一部分,而如何更好推动旅游经济研究的深化显然是一个需要更广泛、更长期关注和投入的事情。毕竟在我国社会经济发展的现阶段,经济依然是旅游发展的核心诉求。只不过在国际借鉴、跟踪研究的过程中,对人类学、社会学等方面的研究比较多,从我国国内学科影响和课题申报导向来看,往往地理学方面的研究比较多,相反旅游经济的理论研究跟旅游发展实践还没有很好地体现出适配性。下一步,在传统的研究领域外,如何从空间经济学、计算社会科学、行为经济学等不同角度进行旅游经济研究探索,还值得进一步关注。

当然,旅游经济理论研究不仅仅是有理论化的规范研究,更需要能够产生理论的规范化研究。总体来看,讲究学术规范的旅游经济研究在不断壮大,但是有思想的旅游经济研究还需要进一步丰富。未来的旅游经济研究需要在提出

# 后 记

新概念、拓展新领域、发展新理论方面投入更大的努力,尤其是要在话题性的研究之外,不断形成"有跟随"的旅游经济研究,在新前沿、新空间、新方法、新技术方面营造更良性的氛围,这样才能使得以往一些能想到但没法做到的研究设计得以开展。比如在研究条件优化后,以往受制于技术、数据等因素而没法深入展开的有关旅游对人力资源积累的影响机制和效果等研究就可以逐步展开来。

旅游经济的研究不能是办公室、图书馆里的研究,作为实践性很强的学科,旅游经济的学术研究必须"把论文写在祖国大地上"。呼应时代要求、适应阶段变化、稳住研究定力、立足前沿交叉是旅游经济研究需要高度关注的。如果旅游经济研究能够在这四个方面上深入思考,一定会有新的发现,一定能让旅游经济研究有更强的理论存在感、学术存在感。比如考虑到旅游是空间移动的在地消费,如何从空间格局、演变格局等地理学的研究之外发现空间经济学的切入视角,开辟出空间旅游经济的研究;从非惯常环境行为与惯常环境行为的差异来关注行为旅游经济方面的研究可能性;从神经生物学角度来思考人为什么旅行以及旅游中非计算性的比较选择决策来关注神经旅游经济方面的研究;从大数据的使用、过滤、治理、确权等角度关注数字旅游经济的研究;从旅游要素的标的性质从经营性要素转向运营性要素从而凸显金融和投资属性后关注金融旅游经济。在这方面个人非常看中神经生物学科的理论和技术的介入对于旅游基础理论的底层创新的价值。2016 年也曾结合神经生物机制和旅游动机等之间的关系,就"我们为什么旅行"的选题进行过专门的讲座,曾在当时旅游管理学院专门招聘过神经科学方面的教师;2017 年曾建议建设神经科学与前沿研究联合实验室推动旅游理论研究,也曾跟海外华人旅游学者讨论旅游与神经科学研究的迫切性。尽管好多年过去了,但时至今日依然觉得这是值得探索的方向,希望在这个领域的研究上不要只是用神经科学方面的工具、设备进行一些描述性的研究,而是能够旅游行为背后的神经机理进行分析,或者通过神经科学方面的研究设计,对以往旅游相关理论进行验证和发展,假以时日,如果能够像神经经济学、神经管理学、神经美食学一样,产生神经旅游学或神经旅游经济学之类的新研究领域,那就有意义了。

不过,无论是旅游经济理论研究还是其他旅游领域的理论研究,都有一种焦虑,就是旅游经济理论是否能指导旅游发展实践?很多时候的答案是比较让人自卑的。窃以为，大家没有必要自卑于理论研究对发展实践的引领或指导问题。理论研究能不能影响实践发展会受很多因素的影响。做理论研究的同行们听一听李泽厚先生的看法或许就会释然了："我那些书里还有一些很重要的东西，到现在为止还没有被人认真注意。没发现也没关系，迟早会被注意到；如果一直没有，那就算了"。同时，理论研究的深入、扎实以及有所创新、有所思考、有所启迪才是理论研究进入实践引领、政策建言的前提。所以，关注理论是否能对实践有所裨益是好的，但这不是当下咱们最应该关注的。更何况今天很多业界所谓的实践创新，不少其实可以在过往的理论研究中找到影子。我们要在旅游经济研究中关注实践发展，但不要纠结于旅游经济研究是否引领实践发展；也不要将研究局限于向实践寻求理论的养分甚至局限于从实践总结中获得新的理论认知，而是要有足够的理论研究的自信。目前旅游经济研究很多过于关注计量工具应用而忘了计量背后内在逻辑的研究，这种思路要扭转过来，从逻辑入手，从计量出来，或者从计量入手，归于逻辑，或许才是正途。只要是真正基于内在逻辑的深入思考，一定会在实践发展中焕发出理论的光芒。